住宅を購入しよう！と思ったときに読む本

住宅買うなら一生モノを！
ローン地獄に陥る前に……

本坊 美通 著

ブックウェイ

はじめに

住宅が欲しいという気持ちだけで飛び乗った、夢のマイホーム行き列車のつもりが、いざ、手に入れてみると、何ともお粗末な短期間用の小屋であったということで、結局は地獄行きの超特急に乗車してしまっていた、と言う人が増えている。

「ポピュラーな外装材であるサイディングの場合、塗装の補償は一〇年が一般的」とインターネットで教えられ、更に驚くべきは「築三〇年の時点でかかる費用は六〇〇万円弱」ともなっている。このような粗悪小屋を選べば地獄であって、家庭の崩壊である。

三五年間のローンに加えて建物を維持するための費用として、三〇年間で約一〇〇〇万円もの金額を修理費用として覚悟していなければならないことになるのだが、当初、多くの人はそのようなことを認識することも無い。氾濫する粗悪小屋という名の地獄行き超特急を選んでいたことに、直面するまで気付けないのであり、気付いた時には既に遅いのである。

地獄行きの超特急乗車の一例である。平成五年、夢のマイホームを手に入れて、ルンルン気分のつもりが、その様な気分で居られたのは極々短期間であった。築後二〇年も経過する頃には、補修費を入れて借金一九〇〇万円があり、売却しようにも建物は借金の三分の一程度の価値しかなく、そこに待ち受けていたのはローン地獄であった、という他人事とは思えない現実の話である。

その建物は、築後一〇年余りで雨漏りが始まった。仕方なく一五年余り経過時点で、一六〇万円以上の費用を掛けて塗装防水をしたが、腕の無い工事人では雨漏りは修まらず、改修工事費用の借金だけが上塗りされた。二〇年経過でローン返済に苦悩、ボーナス月が想定外に重かった。売却をも考えたが、ローン残額には到底及ばず、大きな借金だけが残る計算となった。苦慮し続けながらもローン返済を続けたが、やがて返済も滞り、競売物件となって破産した。

残債の一〇％程度での競売となったが、本人は為す術も無く諦めていた。ところが、助言を受けて、破産人の子どもが競売に参加し、幸いにも落札することが出来た。

所有者の名義は変わったが、残債額二割程度の額で住宅を取り戻し、約八割の一五〇〇万円程度の債務免除を受けて、借金地獄からは解放されたのである。

テレビコマーシャルのように、築後二〇年程度で大改修が必要になるような建物では、その時点で住宅ローンが完済されている筈も無く、ローン返済の残期間は一五年、ローン債務は半分以上も残っている状態で、大改修費用捻出の為に途方に暮れるのである。しかもその後、もう一〇年もすれば（築後三〇年経過時点）、改修費として更に六〇〇万円もの額が必要になるとなれば、多くの人にとって「破産」は時間の問題となる。

通常、一般的な人にとって家は消耗品のように何度も購入できるモノではない。住宅を手に入れる年齢から考えて、少なくとも五〇年以上耐えられる建築物でなければ、この長寿時代に受け入れられる住宅とは言えないのである。一五〜二〇年程度で大改修が必要となるような粗悪な小屋では、困る程度の話ではなく、それは家庭崩壊への序章かも知れず、やがては人生を破綻させてしまうかもしれない程の大事件なのである。

建物は風雨に晒されるものである。小修繕は必要としても、大改修を必要とせず五〇年以上耐えられる物でなければ、自分の一生に二度、三度と住宅を購入しなければならない事になるのではないか。

では現在、粗悪住宅以外を望むのが無理なのか、と言えば決してそうではなく、昭和四八年三月のオイルショック時に建築した格組大工《こうぐみだいく》仕事の住宅であれば、四〇年以上経過した今も、大改修を要せずに使用出来ているのである。

不幸にも粗悪物件を掴まされてしまった人は、保証期間中（平成一二年四月以降の新築物件に限り、築後の引き渡し日から一〇年以内）であるなら、徹底的な点検補修を求める。保証期間が既に経過してしまっている物件に大改修が必要になった時には、元の悪質業者などに依頼しても、必要以上に余分な費用が掛かってしまうだけである。腕の良い別の業者を選び直すべきである。

知人の住宅ローン地獄の現状を知り、その後も相次いで聞き及ぶ情報で、多数の人が苦しんでいることを知らされた。

これから住宅を得ようとする人は、その業者の一五～二〇年前の建築物を実地見学して建物の程度を学び、先輩購入者の意見により、少なくとも、住宅ローン返済期間中は、大きな修繕を必要としない住宅を選ぶ目を養うことによって、粗悪物件を掴まされることのないように願うものである。

そこで自己の建築経験から、素人の浅はかさと失笑されるかも知れないが、戸建てのマイホームを求める人が粗悪物件を掴まされないよう、比較及び熟慮検討して頂きたく、筆を執った。

平成二七年一〇月

筆者記す

目次

第一章　住宅取得の基本

1　住宅とは

マイホームとしての住宅を欲しいと思う人は多いだろう。しかし、具体的にどのような家、というのではなく、がむしゃらにマイホーム、という夢だけで家を求めていないだろうか？

その結果、住宅と呼ぶには程遠い、使用耐用年数が余りにも短い、超短期間の仮住まいかと思われるような粗悪小屋を手にしている人が多いのではないかと思われる。

高学歴時代で、気候風土の違いも学び、得たい情報はインターネットで探せば氾濫している現在、それにも拘わらず、マイホームに関しては、盲目的に築後一五年〜二〇年程度で大改修が必要になるような物件を購入して、苦しんでいる人が多いのは何故なのであろうか？

最近に使われている「家」と「住居」という言葉の意味について大辞泉を繰ってみた。「家」は人の住むための建物。すまい。家屋。とある。「住居」は、住んでいること。その場所や家。とあり、二つは「人の住む建物」であり、それが住宅である。

そのときの家は、人間として暮らすのに、安心して暮らせる安住の楽園で無ければならず、一五年前後で雨漏りがして、まるで豚小屋か鶏小屋のようなものでは家とは言えないものと思われるのである。

昔、わが国の住宅を「狭くてお粗末なウサギ小屋」と外国人から笑われたという象徴的な言葉が流行した。「小屋」について同じく大辞泉を繰って見ると、「小屋」とは、小さくて粗末な建物。仮に建てた簡単な造りの小さな建物・物置・夜回りにあたるときの詰所。下級藩士の住居。家の天井と屋根の間の部分。とあり、小屋も下級藩士の住居としては使われていたらしいので、全く住居としての価値が無いとは言えないらしい。

しかし、いくら住居として使われていても、小屋は小屋。その意味の前提が「粗末な建物・短期間使用」であり、耐久性のある建物ではない。

住居にすべく手に入れた建物には、多くの人が三〇年～三五年もの長期間のローンを組んで、返済を続けていかなければならない。ところが業者の予定では、その借入金返済期間中に、「**築後三〇年の間に約一〇〇〇万円ものメンテナンス費用が必要**になる」とされているのである。

強固な建物、「住居」であるはずの家にそれほどの大改修費用が本当に必要なのであろうか？

昨今、建てられている建物は、家とは言い難いような明らかな小屋である物が多く、尚且つ、小屋である粗悪品の方が、金銭的には高額であるように思われる。しかも、高額なものの方が耐用年数の短い場合が多くあり、低額な建物の方に長年大修理を必要としないものが多いように思われるのである。

そこで、築一五年前後で一〇〇万円を超える修理が必要である建物について調べてみた。

それらの建物は、㎡単価が高額でありながら、屋根には安価なスレート瓦が使用されており、庇（ヒサシと読み、建物の窓、出入口、縁側などの上部に張り出す片流れの屋根）が無い。等で、お粗末な仕事の割には、総建築費は高額になっていることが分かった。

施主は好い鴨であったことを物語っている気がするし、良い家が欲しいと願う余り、猪突猛進で盲目的に業者の言葉に乗せられて買ったものと思われ、これこそ「粗末な小屋」で、昔言われた「ウサギ小屋」や「豚小屋」よりも劣るのではないだろうか?

家は「人の住む建物・場所」であって、楽園でなければならない。住宅を取得しようとする者は、少々雨漏りがしてもすぐに買い換えられる小屋とは違うのみならず、生涯に何度も購入できるモノと考えてはいけないのである。

小生が自宅を建築中に建売住宅の現場を見に行った時の事である。そのときのセールスマンが「これは土地だけの価値で、建物は五年持てば良い（当時の保証期間は二年であった）」と説明した。この言葉からも理解されるように、家について業者の多くは、辞書によるところの小屋、つまり「小さくて粗末な建物。仮に建てた簡単な造りの小さな建物。」として、保証期間だけの経過を考えているのであり、住宅の購入を考えている者からすれば、驚くような業者が多いのが現実である。

ところが幸いにも、その時に建築された建売住宅は、スレートの時代ではなかったこともあり、材質は不明であるが、取り敢えずは瓦であった。そのため、現在も外観で見る限りの屋根は問題ないように見受けられ、スレートの屋根よりは瓦の方が良かったようである。

平成元年の物価高騰の頃から多く取り入れられたスレートの屋根は、平成一二年制定の瑕疵担保制度で、保証期間が一〇年に引き上げられた為、保証期間内の保持が困難となり、徐々に減少したようにも思われる。平成二一年の保証履行担保措置制定までの建築物で、スレートが使われた屋根が最低であると思えるのが、後記している、小生が貸家として購入した建売の住宅である。

最近の粗悪建物を、「四〇日で建てられる」との業者の言葉を受けて依頼したという人があったことに驚いた。強固な建物がそのような短期間で建つ筈もなく、初めから客も住宅としてではなく、小屋を承知していたと誤解されても仕方ないと言えるのではないかと思われる。

施主も最初から、金額面を含めて小屋を承知で依頼したのであれば、「安物故に悪かろう」と諦めもついたのかも知れない。しかし、実際の支払額は、二五五七万円という超高級住宅の額で、時価額の七割程度で評価するといわれている市役所による固定資産税の評価額が八〇五万円、その支払妥当額の逆算額は一一五〇万円前後となるものに対してである。住宅本体にお金が使われた本体率は四五％、残りの五五％が経費率となり、本体のお粗末さを証明していることになる。

㎡単価二一万六〇〇〇円であれば、坪単価七一万四〇〇〇円であり、格組《こうぐみ》の日本建築以上の相当ハイレベルな「価値ある住宅」が得られたのではないだろうか。必ずしも市役所の評価が正しいものとは言えないが、仮に、固定資産税の評価基準を五割として計算しても、一六一〇万円であり、一〇〇〇万円前後もボッタクリにあっていることになる。

しかもこの建物には、基礎工事段階で換気口が設けられていない。そのため、追加で床下換気扇設置工事が必要となり、一年中電源を切らないように指示されているとのことで、追加の工事代と年間電気代アップの大サービス付きの住宅でもあるらしい。

このような業者は、何も恥知らずの業者ではなく、名前を聞けば誰でもがその名を知る全国的に有名な業者であるが故に、施主は悪徳業者であるとは夢にも思わずに、発注したものであろう。

最近は、建築価額の変動も少なく、坪当たり七〇万円程度（㎡二一万二〇〇〇円）と言われる。良心的な業者の、経費率を二〇％、本体率を八〇％とすれば、坪当たりの本体に使用された金額は、五六万円になり、経費率が高いとされる業者の本体率を六〇％とすれば、坪当たり四二万円になる。

ここで本体価格には一四万円もの差が発生し、三〇坪（一〇〇㎡総額二一二〇万円）では、四二〇万円（総額の二〇％）もの差額になる。ハウスメーカは更に経費率五〇％とも言われる。

つまり、この差額を本体部分に使用して価値ある建物とするか、本体は疎かにして経費として捨てる選択をするかが、業者選びになるのである。

業者は、「施主は所詮、建物に対しての知識などは無い」との認識でも持っているのか、業者の催眠術に掛かる人が多いように思われる。その経費の差額は、業者の立場、施主の立場によって解釈の仕方は異なるものの、施主にとって、目に見えない経費分への支払いは少ない方が有難い。

本当に腕の良い職人気質の大工さんは、決して広告宣伝費に大金を使うことはない。広告を見なくても、実際の建築物件を見て、人伝に依頼され、工事契約に結び付いて行くのである。

その典型的な事例として、小生が自宅を新築した建前（たてまえ。上棟式とも云う。構造材である柱と梁・棟木の建立）の後、同窓である校友会の知人に見に来るよう案内した時のことである。

校友は建前直後の柱と梁だけのスケルトン（骨組）状態の実物を見て、新興建築に見切りをつけ、その夜、小生宅建築中の大工さんと交渉、即決判断をされて建築に踏み切られた。

その校友宅一軒の実物から更に近隣六軒の新築工事に発展した。実績が宣伝となり、大工さんは新築の工事を次々と請け負ったのである。

校友の近隣の方々にしても、格組建築の仕上がりを実際に見て、支払金額を聞けば、価値ある住宅であることを理解されて、建築を決断されていったものと思われる。

経費差額が建物の価値を大きく左右することを知り、建物に価値を求めるべきなのである。

次頁の表からも判るように、支払金額が異なっても、本体率と経費率の関係から、本体に使用する金額は同額である場合がある。支払金額が高額であるから価値のある建物になるのではない。いかに本体率の高い業者を選ぶかによって、その内容は大きく異なるのである。

支払額 ＼ 本体率（経費率）	80%（20%）	60%（40%）	50%（50%）
2,000	1,600	1,200	1,000
2,500	**2,000**	1,500	1,250
3,000	2,400	1,800	1,500
3,500	2,800	2,100	1,750
4,000	3,200	2,400	**2,000**

上記のように、経費率によって本体価額（建物の価値）は大きく異なる。本体に同額の 2,000 万円を使用する場合、支払額が 2,500 万円と 4,000 万円の２パターンが存在することになり、その違いが割合の違いになる。従って、経費率の低い業者を選ぶことによって、仕上がり本体である住宅が、価値ある家になるのである。

支払額に対する本体価格の比較

2 純日本建築に対する誤解

日本建築は、わが国特有の気候風土による先人の知恵と、中国から伝わった建築技術によって、永年に亘って培われてきた日本に適合した建築である。その最たるものとしての正倉院には、二〇〇年以上もの長い年月、宝物が保存されてきた。一般住家に於いても、一〇〇年以上倒壊しない強固な建物が、今でも多く存在している。

「純日本建築は高い」との観念からか、欲しくても手が出ないと誤解している人も多く居る。もちろん、趣味の問題もあるが、日本建築は悪いとの理由からではない。実際に日本建築で家を建てた場合に於いて、柱の程度・屋根・壁・建具及び欄間の程度によっては、五〇〇万～一〇〇〇万円程度は直ぐに上下するので均一ではない。しかし、平均的に見れば㎡単価は、近代的と思われている建物（粗悪な小屋）と同額程度ではないだろうかと思われる。否、逆に日本建築の方が安い場合もある。

メートル法の現在に於いても、関西の純日本建築を専門にする職人気質の大工さんは、柱と柱の間（面積は柱部分が広くなる）六尺五寸（一九五㎝）を一間として建築されるために、一坪は三・八㎡となる。これが、一般的に京間・関西間と呼ばれているサイズである。また現在、全国的に普及しているようであるが、関東間といわれる場合は、柱と柱の中心から六尺（一八〇cm）を一間とするため、一坪は三・二四m²となる。この関西間と関東間を比較した時点で、面積的には一・一五倍である。

ここで一般的な建売住宅を見てみると、団地間あるいは公団サイズと呼ばれる大きさで、一七〇cmを一間として、一坪は二・八九m²にしかならない場合がある。

単純に比較はできないものの、m²単価にすれば遜色は無く、一見、高いように思われている純日本建築は、実質的に建売住宅よりも安いものが多いと思われる。

だとすれば、建物の使用材料等に価値を求め、使用に耐えられる期間の長短を左右することを考えた上で、同じ金額であるならば、選択を間違えないようにしなければならない。現在の建築物に対する、本体率と経費率の差を考えることなく「本体の本来の価値ある住宅」から遠ざかり、営業費・広告費等の価値を求めているのかと思うような、本体は粗悪な小屋を手に入れてしまったが為に、築後一五年程度で大改修が必要となってはいないだろうか。

近代建築（?）に於いて、早い物では七年程度で雨漏りが始まり、一五年程度で防水塗装に大金をつぎ込まねばならず、二〇年も経過した物件では、TV広告にもあるように大改修を必要とするのが常識のようである。

長期間大修理を必要としない住宅を建築した人と、一五年程度で大改修を必要とする小屋を建て、結局、その改修費用に追われ人生の地獄に陥った人。同じ程の金額を支払うのであれば、どちらを選べば良いかは明白ではないだろうか?その様に言うと、「自分は趣味で何度も建てたいので、放っておいてくれ」とお叱りを受けるかも知れないが、一般的には、そう何度も建てられるものではない。

純日本建築に於いても、職人の技術は一律であるとはいえず、宮大工・格組大工・冷や飯大工等あり、非常に腕の悪い職人の場合もある。しかしながら、概して、二〇年や三〇年で大改修が必要となるような建物は少ないものと思われる。ところが、残念なことに最近では腕の良い大工さんを探すのに苦労するようになったとも言われているのである。小生の住む地域でも格組大工さんは隣の二つの集落に、各一人居られると聞く程度である。

最初に支払う金額は、建売住宅の方が少々安い場合であっても、三〇年経てば改修費六〇〇万円弱・累計一〇〇〇万円もの追加費用が必要になるとなれば、実際に支払う金額としては、どちらの方が結果的に安くなるのであろうか?築浅での大改修に直面してからでは遅い。最初に熟慮が必要なのである。

格組大工さんに依頼する場合と比較しても、使用する材料から見れば当然であるにも拘わらず、

平成６年　188.73㎡　3,157 万円　　洒落た洋風混在の日本建築

一五年程度で大きな改修費用が必要となる小屋などは、詐欺であると言いたくなる。

「詐欺」とは、他人を騙して金品を奪ったり損害を与えたりすることである。

詐欺の構成要件は、当初からだます心算であったことを必要とするものの、長期間の借入れをさせて（業者が金融機関の斡旋をしている）売りつけながら、その購入した建物が、当初からその借入期間の半分の期間も耐えない材料を使った「建物」とは言えない粗悪な小屋であることを、知らせずに販売し購入させたことも、詐欺行為に該当するのではないかと思われるのである。

純粋な格組職人の建築した骨組工法による純日本住宅は、三〇年、四〇年では大きな修理を必要としない。水道のカランの取替え等の小修理程度である。

過日も、昭和四八年に建築された住宅が、現在も大きな修繕を必要としていないと言われている事実、格組建築の価値及び大修理を必要とせずに、長期間使用できる建築物・住宅を手に入れることが出来る事実を知らずに、粗悪小屋を手にしてしまうことは生涯に大きな禍根を残す損失であることを知るべきである。

二一頁の写真の邸宅は二〇年経過する今日に於いても大修理の必要は無い。

3　住宅購入と賃借

現在、人口の減少と物価の安定から、住宅の購入を否定的に考える人も多く、賃貸生活を勧める人もあるが、その考えは正しいのであろうか？

わが国の財政は、世界的に信用力を失うような赤字国債の発行により、税収の二〇年分を超えた額となって返済不可能と言われておりながら、安倍総理は二〇二〇年には国債を発行しない財政を目指すと発言している。その目標達成のためには、物価を上げ税収を増やさなければならないのであるが、その場合、通常の物価上昇では不可能である。

そして、物価を上げて税収を増やしても、当然、行政費用も物価上昇に伴って、増加するのである。イタチごっことなる物価上昇と税収増を一気に解決するとなれば、それは行政費用増の期間を与えない短期間に於いて、消費税の一気大増税策という事になる。そうでなければ、現在の国債を解決する方法は無いところまできているのではないだろうか？

わが国の現状は、国民等しく一人、八〇〇万円以上の借金を背負っており、国債の評価は名も知れない国と同等の価値であるとされ、日本国破綻が叫ばれて久しい。一説によれば、わが国は外国からの借入れではなく、国債は国民からの借入れである為、国民は財産を有している、という財産説とされるが、それは高所からの見解であり、国民側からすれば、踏み倒せば国の債務は消滅する、との論理である。

国が破綻しても、国家滅亡ではなく、国の信用力が無くなるのみである。

以前、トルコを観光した際、観光本を買おうとして、一八〇〇万リラを請求された。トイレの使用料が四〇万リラ、靴磨きが三〇〇万リラ。一〇〇〇万リラ札が存在していた。当時の日本円に換算すると、四桁違いで、万を取って計算すれば、本代は一八〇〇円ということであった。

このように通貨の価値が大きく変動して、物価が大きく上昇することを「ハイパーインフレ」という。その悲劇を願うものではないが、万一その様な事態となったときには、資産価値と家賃はどのようになるのであろうか？

小生の弟が市営住宅に居住していたその昔、当時、一〇〇万円で家は建たないが、一〇〇万円の定期預金利子の五万円で家賃三五〇〇円が一年間払えるとして、絶対に家は建てないと主張していた。

しかし昭和四七年秋に木材が急上昇したため、大工さんに依頼して格組工法の住宅を建築することになった。その建築途中にハイパーインフレとなり、物価が高騰した。

昭和四四年の都市計画法制定で、多くの市町村は全面積の五％程度に限定されて、特定の「市街化区域内」以外には住宅が建てられないこととなった。その為、施行された四五～四六年、宅地価額と共にあらゆる物価が上昇して、四八年にハイパーインフレとなったのである。

当時、建築価額を「坪当たり一五万円」として大工さんと取り決め、四二坪の住宅の建築に着工。完成後、大工さんに支払ったのは六三〇万円、土地代を含めて総額八四〇万円であった。四八年にオイルショックで物価が急騰。その年末に建築費用を精算した際、「今なら坪当たり三〇万円（一二六〇万円）でも請けられない」とはその当時の大工さんの弁である。

それから四〇年以上経過しているが、最近でも大きな改修は必要としていないことからも、格組工法の住宅が如何に強固であり、多額の改修費用を必要としないかを物語っている。

坪当たり一五万円で取得した建物は、追加の建築費（大改修費用）が生じていないのであるから、取得額一五万円は変わっていない。しかし、もし賃貸のまま家賃を支払い続けていたとすれば、物価の上昇に伴い、当然、その後の家賃は上昇していたのである。

昭和五〇年頃からの三年間で、公務員の給料が倍になったと言われたことは事実であって、建物も、昭和六〇年頃には、純日本建築の大工仕事で、坪当たり六〇万円、建売等の工務店で坪当たり七〇万円と言われた時代である。その後、平成元年頃に不動産価額が上昇してから現在まで、建築価額は余り変動していないのに対して、家賃相場は物価上昇に伴って、上昇したのである。

自己が体験していなければ記憶には残らない。物価が上昇したことは記憶していても、公務員でもなければ、給料が倍になったことなど知る由もなく、庶民の所得はそう簡単に倍になったりはしないもので、その結果、物価の上昇と収入のアンバランスに苦しんだのである。

昔「月給一万三八〇〇円」と言う歌が流行したことがあるが、その当時に、今日の給料を想定した人が何人居るのであろうか?そして、この流行を知る人も少なくなった現在、経済は常に「デフレ」であると思い、信じ込まされていることが正しいとは思えないのである。

突如として、昭和二一年二月一六日に法律が制定され、半月後の三月三日、「貨幣切り替え」が施行された。現在ではこの時に国債の価値が無くなったことを知る者も少なくなっている。昭和六年生まれの人でも当時一五歳。世帯を持っていないので、恐らく記憶には残っていないのかも知れない。国債信頼度抜群の現在では、国債購入希望者が多く、財務省から表彰されるべき人の方が多いのである。

昭和四八年から既に四〇年が経過した現在、年齢五〇歳の人でも当時の物価上昇を実感していない人が多い。これから先、デフレがあっても、インフレなどは絶対に有り得ないと思っている人が多く、インフレの可能性について行なわれた意識調査によっても、六〇歳以上の人（昭和四八年当時一八歳以上）の多くは懸念しているが、年齢が下がるに従ってデフレを信じているようである。

現在のわが国の財政から、昭和四八年の物価上昇当時以上のようなハイパーインフレが何時起きても不思議ではない状況である。その状況下に於いても尚、デフレを信じ、個人の所有する不動産を売却させようとする悪徳不動産業者の社員に、過去のハイパーインフレの話をしても「大学の経済学の先生にもその様な話をされたことが無い」と、資産所有を否定する考えを主張する。しかし、それでも小生は、賃貸住宅の考えを肯定することは出来ないのである。

だからと言って、性急に建物を手に入れようとするあまり、小屋のような建物を買ってしまうのではなく、強固な優良住宅を入手しなくてはならない。少なくとも、住宅ローン返済期間中には、大改修を必要としない物件を求めなければならない。

ローン返済期間中に大改修を必要とするような粗悪な不動産は大きなお荷物となり、家計の破綻によって住宅を取られてしまう羽目になる。行く処も無く、賃貸するにも毎月のローンと変わらない額の家賃が必要となって、途方に暮れるようなことは絶対に避けなければならないのである。

建物に対する知識が無ければ、少なくとも実地見学をするべきである。クロスの色を見るのではなく、建物を見て知識を得る。その上で、五〇年以上の長期恒久住宅取得を目指してこそ、賃貸よりも住宅取得を目指す価値がある。

一五年程度で大改修を必要とする「粗末な小屋」を購入した場合であったとしても、ローンも同様に一五年程度で完済できる借入額でなければ、余計な借金を背負い込むこととなる。

長期間の間には、人の趣味も変わる。改修費用もインフレによって上昇する。その時に、経済的にも苦しまなければならない窮地に追い込まれてしまう場合があることも計算に入れて置く必要がある。

ハイパーインフレとは、物価が経済の価値として上昇するのではなく、貨幣価値が急激に低落することによって、物価が一〇倍・一〇〇倍と大きく変動するものである。全ての価値が同時に変動するものであれば問題は無いが、物によって変動率には大きな差がある。

ハイパーインフレを説く人の中には「わが国は、常識的な経済では返済不可能な借金を背負っており、消費税率を九〇%にしても返済不可能」との極論もある。

その様な税法改正が行われたとなった場合、消費税は増収となるが物価も倍になる。しかし、所得税、法人税、相続税等は税率構造の関係から、実際は倍では済まず、三倍以上の税収増となるであろう。

現在は、昭和二一年の貨幣切り替え当時の一国経済ではなく、インターネットにより、三六五日、二四時間、世界中の金融市場で取引が行われている為に、貨幣切り替えが困難であると言われている。

しかし、消費税率引き上げを以ってするならば、結果は、貨幣切り替えと同じ効果となるものの、その時の政権政党は確実に政権を失うであろう。然るに、徐々に消費税を引き上げることを予定して、角を隠している政策以外にないものと思われる。

消費税増税時には、預金や借金も物価変動に伴って価値が低落するので、できるだけ借金をして有利なものに投資せよ。とのことである。しかし、一番懸念されるのは、年金資源そのものも国債購入に使われていることである。価値が低落するものの中には年金も含まれる。従って、年金支給額の減少は避けられず、収入の上昇は物価の上昇よりも大きく遅れて、家計収支困難となることは必定である。

今では、低金利政策により、国債は一％以下の金利である。赤字国債発行額、一〇〇〇兆円の一％は一〇兆円であり、信用不安となって上昇する金利が三％ともなれば、国債の利息は三〇兆円を超える。年間の税収と肩並べをする日も、そう遠くはないと杞憂するのである。

日本銀行が国債を購入することによって、市場の国債が品薄状態という状況を招き、市場心理としての購入希望者を増加させて、国債の価値が維持されている。しかし、それがために国債の国際的価値評価が低落している現実がある。ゆうちょ・年金資金の投入で辛うじて維持し、日銀の国債買取りで凌ぐ等、その様な手品の如き手法が何時まで可能なのであろうか？

日銀の現在発行する紙幣は、昔の兌換券《だかんけん》（一八八五～一九三一年の間は、金・銀と交換可能）としてでは無く、何の担保も付されていない日銀が発行する日本銀行券である。いわば、社会に流通手段として承認されている伝票である。日本の財政破綻の時には、経済的価値が失われ、一万円券が、一〇〇円とか一〇〇〇円の価値に低落はしても、紙幣切り替えが行なわれなければ、一万円の伝票としてはそのまま通用するのである。

国債価値暴落の際の防御策として、個人にも、国と同じような借金をして、外貨・金・不動産等に投資することを勧める記述も見受けられる。しかし、資産価値の無い粗悪な小屋などを購入しても、当然、不動産投資に含まれないことは論じるまでもない。ましてや粗悪小屋の修繕費に至っては、ハイパーインフレ到来ともなれば、予想を遥かに超えて大きく上昇するのである。

物価変動の可否に拘わらず、法的に保証が義務付けられている期間の一〇年間をどうにか維持すれば良い。といった思惑の悪質業者の粗悪な小屋などは当然選択すべきではない。しっかりとした格組建築の建物を購入することによって、ローン期間以上の四〇~五〇年もの間、大改修費用を必要としない住宅を得られるのである。取得時に支払う金額がほぼ同額であったとしても、選択を誤れば、結果的には大きな損失を生むことになる。

待望の住宅を購入した人の中には、ローンの返済には苦慮していなくても、その返済期間中の返済計画に確信を持っている人はいない。それにも拘わらず、築後わずか一五年後に何百万円、更に三〇年後にも何百万円という改修費用が待ち受けているとは、夢にも思っていないのであろう。しかし、プレハブ業界ではそれが常識のようである。支払総額の半額以上が経費ともなれば、建築物の本体はその分、粗悪であるのは当然であろう。

建築業界からすれば、新築時からの短期間で大改修が必要となる物件を建築して、建築業界全体の仕事造りに貢献しようとしているのかも知れないが、消費者（施主）側がその手に乗るのは愚の骨頂であろうと思われる。また、現在の国債増加状態から見ても、建築業界の敵である腕の良い棟梁に依頼して、長期間大修理を要しない住宅を取得する方が、賃貸よりも、賢明ではないだろうか。

最近は毎日のように、大阪・東京・名古屋・神戸・明石の不動産業者から、マンション売却を求めて電話が架かってくる。この状況は平成元年頃の不動産価格上昇の電話攻撃に似てきた感じがして、不動産が急騰する日も近いのではないかと危惧するのは、小生だけなのであろうか?

4　借金は分相応の範囲で

夢のマイホームを手に入れても、自己の収入と住宅ローンの返済額との均衡が取れた分相応な範囲でなければ、そこに待ち受けているのは、一家の破綻であり、この世の地獄である。

後悔している人は、少数の人であって欲しいとは思うのだが、よく耳にするところからすれば、少数ではないようである。ローン返済に苦慮して売却を考えても、借入残高には遠く及ばず、売却しようにも七〇～八〇％程度の借金が残るのである。

粗悪な住宅を購入した場合、本体価値が五〇％とされていることから、購入時点で本来の価値の倍額の借金を背負っていることになる。いざ、売却しようにも、中古物件としての売却であるから、新築時の半額程度の価値しかないとして、購入時に支払った金額の一五～二〇％程度でしか売れない。つまり、三〇〇〇万円で購入した物件であれば、五〇〇～七〇〇万円程度でしか売却できないことになり、売却しても尚、一五〇〇万円前後の借金が残ってしまう計算になるのである。

業者に言われるままに、自分の懐勘定も考えず、毎月の返済額にのみ目を奪われ、物件の良し悪しから遠ざかり、分不相応な借金を背負ったその人たちは、この「粗悪小屋」・「過大借入」の二つの大きな間違いを起こしているという事であり、大修理費の為に借金の上塗りをしなければならないこととなって、借金地獄に陥ってしまうのである。

また、ローンの返済には苦慮していなくとも、粗悪住宅を掴まされて、一五年程度で何百万円という改修費用に悩まされている人も多い。

金融機関が融資する物件について、住宅を購入しようとする大抵の人は、三五年の融資であれば、住宅も三五年間、大改修を必要とせず、使用に耐えられるものと思い購入しているようである。しかし現実には、ＴＶコマーシャルでも見かけるほど、二〇年程度での修繕が建築業界では常識となっている。屋根材・外壁は一〇～一五年程度しか耐えられるものではなく、夢にも思っていなかった塗装という大改修に直面して苦労している人が多いのである。

最近は、金融緩和によって、住宅ローンは不動産の価値のみならず、費用を含めて一〇〇％、若しくは、それ以上の融資が可能であるという。その為、自分の返済能力以上のローン返済で苦しむ人も多い。購入した建物が、短期間用の粗悪小屋であれば、ローン返済期間中の返済計画には、その期間中の大改修費用をも組み入れた額を予定しなければならないのである。

また、ローンを組めば当然、金利の支払いも発生する。変動金利では、現在利息が一％以下の借入れも可能であるが、変動金利はあくまでも変動であり、固定ではないことを肝に銘じておかなければならない。少し利率が高くても固定金利の安定性を考慮しなければならない時期が、来ているのではないだろうか？

住宅ローン返済を考えるときに、自分の家庭の経済事情は、自分が一番よく知っているのであるから、「金融機関がいくら貸してくれるか」ではなく、「いくらまでなら返済ができるか」について、自己検証を行なうのが先決であろう。

サラリーマンであれば、給与収入と言われる金額が手取り額とは異なることはご存知であろう。給与証明の源泉徴収票収入総額の表示金額のみで判断するのは危険である。

社会保険料等の控除額は大きく、総額の給与収入金額から徴収票に表示された源泉税・社会保険料・生命保険料等も控除して、自己の手取り収入を再認識すべきである。現在の月額貯蓄額は返済可能額を示す最たるもので、その額を無視してはならず、購入できる住宅価額を考慮・熟慮すべきなのである。

購入時点までに、毎月貯蓄していた額よりも若干多い程度の返済額というのであれば、努力すれば可能であるが、それが大きくかけ離れた返済額は絶対に計画するべきではない。もしその様な計画を立てるのであれば、一年以上の期間を掛けて貯蓄としての予行演習を実行してみるべきである。

得たい物件についても、それが必ず必要であるか否かの検討をしなければならない。例えば、床下換気扇を設置するよりも、換気口を設けるべきで、換気口設置費用の方が少額で納まる上に、築後の電気代を考慮すれば、床下空気の流入と排気が計算された換気口が有利である。

昔、「お隣がピアノを買ったので、我が家も」との時代があった。しかし、ピアノのローン期間と、住宅のローン期間とは全く異なり、住宅ローンの三五年間は非常に長い。

世界で一、二を争うほどの長寿国であるわが国に於いては、人生八〇年の長寿時代を迎えている。建物の寿命が一五年と短い住宅を購入するのであれば、ローンも一五年以内に終わらなくてはならないのは常識である。短期寿命の建物であるにも関わらず、借入返済が終わっていなければ一五年経過後は大改修費用が待ち受けていることも覚悟しておかなければならないのである。

ローンは三五年の長期間、建物の寿命は一五年程度で大改修が必要となるような粗悪小屋、このような状況で苦しんでいる人が多い中、優良な住宅であれば、少なくとも築後三〇年までに大改修費用が必要となるような事態に陥ることは、先ずあり得ないことも事実である。

このことを熟慮した上で、分相応のローン返済計画を立てるべきなのである。

5　実地見学は一五年以上の物件を

普通、誰しもが建物に対しての知識を持っている訳ではない。知識がないからこそ、自分が目指す建物の先輩購入者の現況を見学して回るぐらいの努力をするべきなのであるが、大半の人は、自分から進んでそのようなことはしない。

業者が連れて回ってくれる新築物件など、貴方にとっては何の役にも立たない。業者推薦の新築物件などよりも、その業者の築後一五年以上経過した物件にこそ、見学の価値がある。もし、業者が見学を拒否するようであれば、見せられない物件、見せてはいけない物件ということであり、元々見るに値しない物件なのである。そのような業者は敬遠すべきである。

三～五軒も回れば、その業者の築一五～二〇年前後の建物がどの程度になっているかを知ることが出来る。見学したり、先輩の意見を聞いたりできれば、良質な物件であるか否かは判るし、物件の欠点のみならず、先輩の反省点なども意見として収集することが出来る。その時に得た意見は非常に得難い知識として蓄積される。そしていざ建築、という段になって業者の言いなりに進められることなく、蓄積された知識を以って悔いのない住宅を得ることが可能なのである。

通常、一生に一度の大きな買い物である住宅に、良質さと、価値以上に安価な低額さを求めるのであれば、ある程度の知識を得る努力を惜しまず、比較検討して当然である。
そしてその努力の一端が他ならぬ「物件見学」なのである。

昔の建物は、五〇年・一〇〇年と長期間使用に耐えることが可能であった。しかし、現在の建物は何故一五年程度で大改修が必要になるのであろうか？疑問に思わない方が不思議である。

しかし小生自身も、事務所の建築時には知識も無く、お粗末な小屋を掴まされた苦い経験を持つ。仕事上、関係のあった近くのＦ工務店に依頼して、一階は鉄骨ブロックの積み上げ、二階は木造瓦葺で建築したのであるが、あの手この手で誤魔化されたお粗末な小屋であった。

基礎は、地中基礎だけで地上の縦基礎は無く、地中基礎に直接建立した鉄骨は背丈が短い。それに気付いたのは入り口サッシの枠が入った時であった。枠の上部に余裕も無く、下部にも余裕が無いので抗議したが、時既に遅く、訂正不可能であった。

仕方なく、床下地面にビニールシートを敷き、根太の代わりにアルミのＣ型を使い、その間に発砲スチロールを張り、フローリングを張って、尚且つ、それでも低い天井は我慢するしかなかった。

そしてもう一点、二階の間口八mの中心にある柱の重要な土台が、一m突き出た一〇cmの横木に立てられた、構造計算も何も無い決定的に腕の無い者の工事であった。かくして、一階事務所、二階住居、のはずの欠陥事務所が建立された。このような経緯で建てられた為、事務所の正面のパラペットに振動が発生し、二〇年程度で張り替えが発生した。

五〇年耐えるはずの材質の屋根も、五〇年耐えることは無く、葺き替えの必要性を告げられているが、小生の年齢から事務所経営の期間を考えれば、全面的な屋根の葺き替えを躊躇し、小修理で凌いでいる。

悪質な工務店の現場監督もまた、同様に悪質であった。工事中に二階のトイレを覗くと便器が大きく歪んでいる。そのことを設備業者に告げると、下請けとしての設備業者から、現場監督に心付けをしていなかったが為に、便器の下の配管にコンクリートを入れていた、と云うではないか。もう少し日が経って、コンクリートが固まってしまっていたら大変なことになっていた、と設備業者からは後日、報告を受けた。

しかし、悪いことは出来ないものである。後に小生が今度は家を新築することになった際、どこからかその話を聞き付けて、例の悪質現場監督が現れた。その時は新たに勤めていた別の工務店の社長を同伴してやって来たのだが、「造成石垣工事をさせてくれ」と言うのである。単純に顔見知りであるとの思いで来たのであろうが、小生が前記の行為に気付いていないと思っていたものらしい。心情や如何に。さぞ、バツが悪かったことであろう。

欠陥事務所建築時に様々な経験を得た小生は、建築の業者選びを重んじた上で、住宅は安くて最良のものが欲しい、と考えるようになり家を新築することにした。

その際にも、やはりプレハブ住宅には抵抗があった為、集成材料は極力避けて、思い切って大部分に無垢材（まじりのない原木）を使用して建築した。

その結果、プレハブ建築費用の七〇％程度の額で仕上がったのである。この時、住宅の建築とは、努力をすれば必ず努力以上に報われることを知った。

この差額の主な原因は何か？それは断然、経費の差額である。一般的に、プレハブ建築の経費率は五〇％、格組工法の経費率は一五％程度とされる。本体率には三五％もの差がある。昔から「木三倍」と言われているように、木材を含めた「木工事」に掛かる費用の約三倍が家を建てる際のおよその建築費用とされている。プレハブ住宅の本体率五〇％に対する木三倍の材料代は一七％であるが、同様に格組工法の住宅では本体率八五％であるから、二八％ということになる。木材部分に使用出来る金額だけで、格組工法の方が一一％も大量に使用できるのである。建物本体価値に建築費用の八五％を使用する格組工法であるからこそ、上質な材料を使用した、程度の高い建物を建築することが可能なのである。

小生は、建築家ではなく全くの素人である。しかし、自身の離れ、事務所、弟の住宅等の物件を建築依頼し、建売住宅二軒を購入した経験を持つ。最終的に自己の住宅建築に際しては、平面図・四方の側面図・斜横面図・基礎図面等を作成した上で、工務店に依頼した。建築現場監督も自ら行なったのであるが、良い大工棟梁に巡り合い、最高の格組職人に出会えたことが幸せであった。

小生の住宅は、昭和六〇年に着工、六一年一〇月に完成した。格組工法で建築した我が家には、当然築後二〇年程度では改修等の必要はない。しかし、同時期に建築した知人は、大改修の必要に迫られ、いっそのこと住宅を買い替えようかと言い出した。そんな時に、我が家の建物の現況を案内したところ、「これが二〇年も経っているとは思えない。室内は新築物件のようだ。」との感想であった。

最初から、良い物件のみを経験しているのであれば、建物とはそれが普通であると思い、欠陥住宅のことなどには考えも及ばなかったであろう。しかし、事務所・建売住宅のお粗末な建築業者によって、いかに業者選択が重要であるかを思い知らされたのであり、辛酸を舐めさせられ、砂糖の甘みを教え込まれた結果、この上ない良い住宅を得ることが出来たのである。

建売住宅の建築費が一坪当たり七〇万円程度であった時に、純日本建築の家屋である我が家は五六万円で完成した。五〇坪としても七〇〇万円の差額があり、その額は、即ち、努力の報酬であるものだと思う。しかし、それ以上に得たものは、建築材料の耐久性あるものと自負できるものであり、築後二八年経過した現在でも尚、大改修を必要ともしないような安価な優良物件なのである。

四〇坪（一三二㎡）で、築後二〇年で大改修が必要となった建物と、五〇坪（一六五㎡）で、築後三〇年近く大改修を必要とせず、耐えられる建物。建築費用は同額の二八〇〇万円。実際にこれだけの違いがある事実を、建物本体価値の差として認識するべきである。

これから住宅を取得しようとされるなら、良いものの方が安いという事実を踏まえて、その差は何であるのかをよく吟味して頂きたい。

四四頁の写真は、築後二八年経過の我が家に使用されている現在の木材写真である。四四頁上の写真は、光沢を放つ無垢の二三cmの大黒柱、同頁下は、屋久杉で作成した別注の欄間、及び、杉板の四枚戸である。

一般的に「無垢材よりも集成材の方が強い」と言われたが、無垢材の建築物が既に一〇〇年以上経過しても、尚、現存するのに対して、歴史の浅い集成材は、果たして一〇〇年以上も耐久すること

が可能なのであろうか？無垢材よりも集成材の方が強いのは、価格的に集成材の方が安いため、業者にとっては強かった、というだけではないのだろうか？

建築業者は、原価の高い無垢材よりも、原価の安い集成材を選ぶ。そこに必要なのは「集成材を使用するための理由付け」であり、説得のために使われたのが、雨量の多いわが国に於いて、無垢材の持つ最大の長所である木材伸縮を無視した、集成材の強度説であろうと思われる。（但し、集成材に関しての一〇〇年以上前から現存するデータは存在しないと思われる）

世間一般の常識として、純日本建築は「高くつくもの」との錯覚がある。

しかし現在では、昨年度比較で、国産物の、檜・杉材の木材価格は、七五％程度に下がっており、逆に、集成材は輸入品であるため、円安の影響を受けて一二五％程度に上がっている。

無垢材での建築は、大手建築メーカのプレハブ住宅の七割程度で建築できるということであるが、建築材料についての誤解は、多くの人が持っているのではないだろうか。

次頁の写真は、昭和六〇年着工して、翌年完成した自宅の近況写真である。M工務店の格組大工さんに依頼した住宅で、㎡単価一七万一一〇〇円、坪単価五六万五〇〇〇円であった。当時のプレハブ住宅が坪単価七〇万円と言われた頃であったのだから、実際に日本建築の方が安く出来たのである。

昭和 61 年完成の自宅 2800 万円（163.59㎡）と平成元年の車庫物置 690 万円（78.65㎡）

自宅建物　築後 28 年を経過した玄関現況

その後、二八年を経過した現在に至るまで、一度の大修理も行なっていない。昨年、事務所の補修の際にも再度点検を受けたが、特段、何の問題点もないとのことであった。

同じ工務店の名称であっても、工務店の技術には優劣もあり、無垢の材料を使用していたとしても、日本建築であるからと言って、全てが良いものになる訳でもない。

小生の事務所を建てた、同じF工務店が従兄弟の住宅を建築した。その後、何があったのか、従兄弟は勤務していたF工務店を退職した上で、S林業による住宅の大改修を行なっていた。このことからも、F工務店は小生の事務所実例のみならず、金銭的か技術的かの断言はできないものの、人に勧められる建築業者であるとは言い難い様である。

ところが、その様な業者の利潤が良いことは事実で、最近も手広く営業しているようである。

先に記した「住宅建築後、二〇年以上も経っているので、全面改修をしなければならない。」としていた知人が、古い物件を売却し、新たに土地を購入して新築した。住宅の耐久性二〇年は小生としては、甚だ疑問に感じるのだが、何故、住宅取得経験者が疑問に思わないのか。昨今の住宅はその程度での大改修は常識であるようだ。

一軒目にプレハブ住宅を建築して、定年退職後、二軒目として、またしても同様のプレハブ住宅を新築した同級生も居る。未だに玄関先の階段が完成していないようだが、甲斐性があるものだと感心する。

この様な人たちが、悪徳業者の利潤に貢献しているのであろうか?

長寿社会に於いて、平均寿命を生きてゆくためには、本当に二～三軒の住宅を建てなければならないというのがやはり常識のようであるが、小生はそのような甲斐性を持ち合わせていないので、五〇年以上大改修不要の日本建築を目指したのである。

一方で、一軒目に建築したプレハブ住宅を取り壊し、二軒目には、入母屋の立派な純日本建築の住宅を建てた知人もあって、その家屋は、既に四〇年以上経過しているが、やはり、大改修の必要はないというような実例もある。

先にも述べたが、小生は苦い経験を踏まえて、自宅を新築する際、設計及び建築現場監督を全て自らで行なった。しかし、建築設計監理等を自分で行なう自信の無い人は、信頼のおける良心的な建築設計士を選ぶことが重要である。

建築関係の業者は多岐に亘る。木材関係、土木関係、石材、大工、左官、屋根、樋（トイ）、建具、電気工事、畳等、非常に広範囲であるが、これらを一括して請け負うのが工務店である。それを監理監督するのが建築設計士であり、建築費の一割程度の設計管理料が必要となるが、それを惜しんではならない。

この多岐に亘る建築関係の業者を工務店に一括して依頼すれば、施主の手間は省ける。しかし手間賃を支払わなければならず、その分を節約するならば自らが勉強し、英知集約の努力をした上で、分別発注するべきだと思われる。

工務店にも当然優劣があり、例えば、木材を選択する時に、工務店任せにしたが為に、集成材を使用されてしまったりもする。しかし、無垢材の本来の長所を知っていれば、施主側から指定することが可能になるのである。柱、建具等に使用された無垢材の特徴として、二〇年も経過すれば、木の脂による何とも言えない素晴らしい光沢が出る。純日本建築の醍醐味を実感することが出来るのである。

家を建てようとするならば、業者毎に自らの求める材料を指定出来るほどの、工務店にも負けない知識を得る努力を怠らず、本当に価値のある家を目指すべきである。

築後一〇年余りで漏水、一六年経過時に一六〇万円余で防水塗装するも漏水は止まらず困り果てた超近代的な陸屋根の建物

上の写真は、土地面積の関係から、物干し場が取れない為に、陸屋根にした屋上に物干し場を設けた家である。しかし、屋上の防水は一〇年周期で防水工事を必要とする。しかも、一旦、雨漏りが始まると、漏水箇所が広範囲に及ぶ為、防水処理をして漏水を防ごうにも割れ目の追及が困難で、苦労する場合が多い。

次頁の写真は、上の写真とは別の建築物である。写真からも伺えるように、上部の薄茶色で明るいところは屋根の垂木下に張られた板部分、中間のグレーの波打っているところは壁面、下部の薄茶色は梁の化粧板のようであり、斜めに打ち出されている黒茶部分が、防水用のモール（?）のようである。

破風板か?と思われるようなモールが途中だけに打ってあり、明らかに雨が入り込むであろう、軒先に近い最も必要であろうと思われる右下部分には、そのモールのような物さえも無い。

本当に家の真似をしただけの小屋ではないかと思うのは素人考えなのだろうか？

実地見学では、建物のこのような箇所を確認しなければならないのである。

しかし現実は、そうではない。特に業者推薦の新築物件などを見せられたら、全てが新品なのだから舞い上がってしまう。厨房用品や子ども部屋の有無、間取りやクロスの色を見て、全て納得してしまうのでは、実地見学の価値はないのではないだろうか。

せっかく築後一五年以上の建物を実地見学するのであれば、もっと構造的な部分を確認しなければならないのである。

例えば、
○縦基礎の換気口が設けられているか？
○床下は四五cm以上あるか？　湿気は無いか？
○天井裏の点検
○床板は無垢材が使用されているか？
○屋根材は？
○庇は有るか？　深いか？
○外部壁面の程度は？
○ゴルフ玉が転がらないか？
等々、点検すべき箇所は数えきれない。必ず、建物を購入した先輩の意見を聞くべきである。

また、マイホーム完成までの借家に支払う家賃節約のために、短期完成を求めるのは愚の骨頂である。腕のある建築家に依頼するのであれば、尚更、建築完成を必要以上に急いではならない。建築期間中に支払う仮住まいの家賃など、建築費総額から見れば、大した金額ではない。急ぐよりも念入りの工事を依頼して、悔いの無い住宅を求めるべきである。

6　わが国の気候風土

無学の小生でも、海外旅行の経験から、年間雨量五〇〇㎜以下の西洋と、年間一五〇〇㎜以上で長期の雨季が有るわが国では、気候風土が異なることを知っている。

わが国の夏はトタン屋根の下でなど、暑くて耐えられないのが常識である。しかし、スコールがあっても、空気が乾燥しているグアムでは、雨が止めば直射日光を避けるだけで涼しく、トタン屋根でも十分である。地域によってトタン使用の差異を知った。

現在では役目を終えているが、先人の知恵による高床建築の校倉造で、宝物を長期間保存されてきた正倉院は、誰もが知る、有名な建築物である。

奈良に木造で建築された「校倉造の宝物殿」で、一二〇〇年以上も前の宝物が保存されていたのである。現在では、年間を通じて温湿度調整された建物に移されたが、校倉造はわが国の気候風土を考慮した非常に優れた建築物であった。

その宝物殿は、中国の建築技術を取り入れ、わが国の雨季を考慮して建てられていた。高床式で組まれた校倉は、雨季には木材を膨張させ、乾燥期には木材を縮小させることによって、温度と湿度の調整が行なわれていたと言われている。

コンクリート造りの二階建て住宅を建築し、「住宅は絶対コンクリート造りにするものではない。湿気が多いため、家財道具や衣服がすぐに傷んでしまう。」と忠告してくれた同級生が居る。

ところが最近、「西欧では築後一〇〇年・二〇〇年の建物がペンキの塗り直しで新築物件同様となるのに、わが国では、木造であるために一〇〇年（それでも二〇年ではなく一〇〇年である）程度で取り壊さなければならず、木の造りは国家的な損失である。」との気候風土無視説がある。

この説は、年間雨量が一五〇〇㎜以上のわが国と、年間雨量五〇〇㎜以下の乾燥地帯との気候風土の違いを無視した、考慮の無い暴論であり、建物について湿度調節が如何に大切であるかを知らない非常識な論法である。

最近の基礎コンクリートは手抜きで、通風口も開けずに全て型枠にコンクリートを流し込み、基礎と土台の間に薄いパッキンを入れ、その間で通風が出来ると説明される。最初から換気扇を設置している場合もあるが、それがなければ七～八年も経過した頃には床下乾燥機の設置に迫られる。

先人の知恵に基づく風の通路を考慮した換気口を設ければ、そのような換気扇を設ける必要はない。換気扇を設置するという事は、建築業界の売上増加協力を強いられているのであり、消費者は無駄な費用を負担させられているのである。

また、建物の西の面に大きな窓を設置して採光を重視するという説にも同じ事が言える。夏の夜八時近くまで差し込む西日は何時までも暑く、採光の為だけの大きな窓など、冬には寒いだけである。冷暖房の電気代を全く考慮していないのであるが、当然、建築業者が電気代を負担してくれることはない。

床下の乾燥機や温度調整の年間費用は膨大なものであり、ランニングコストを考えれば、これらの設備を設置しなくても済む住宅建築を考えるべきである。「夏暖かく冬涼しい」では困るのである。

最近でこそ、正倉院の宝物は年間を通じて温度湿度の調整された近代建物に移されたが、個人住宅では年間の維持費を考慮しない訳にはいかない。ランニングコスト節減が可能であれば、節減できる建物を目指す方が賢明であろう。

近隣での井戸端会議上、電気代の話が出た。その家庭は夫婦子供二人で、「今月（平成二七年四月）

の電気代は二万円」とのことであったが、小生宅は老夫婦生活で約九五〇〇円であった。

もちろん、生活パターンが異なるということもあるが、**我が家は住宅そのものが夏涼しく、冬は暖かい**建物なのである。その為、炊事にはＩＨコンロを使用しているものの、年間の電気代は実集計額一一万四〇四七円（月平均九五〇四円）で、夏のクーラー、冬の暖房の電気代が大きく節約できているということである。

小生は、設計段階からこれらのことを考慮して、基礎図面には床下換気口を設けた。その為、築後二八年経過の今日に於いても、床下乾燥機など設置することなく、床下は完全に乾燥している。

また、夏期でも、通常はクーラーの使用はほとんど無い。非常に湿度の高い無風状態の日には、就寝前に一時間程、クーラーのタイマーを設定することもあるが、それでも年間に五～七日ぐらい世話になる程度である。

冬場にしても、居間にコタツは出すが、それすらも食事の際の通電のみである。それ以外の暖房設備を使用することは一切ない。風呂上りであれば、コタツすらも必要としない程である。就寝時もコタツ・ファンヒーター等を必要とすることなく眠ることが出来る為、暖房設備を使用したことはないのである。

何故であろうか?それは障子である。我が家は、各部屋のサッシ窓の内側に障子を設置している。この障子が外気を遮断している為、隙間風が入らないのである。サッシは、素人目にも判るように、例え二重サッシであったとしても、戸車と敷居のレールの間には隙間があり、外気の影響を受けてしまう。しかし、障子は密閉されている為、温湿度調整も行なってくれるのである。

真夏に知人が来宅され、最初は事務所で話をしていたが、自宅の方へ場所を移しての話となった。玄関も縁側のサッシも開け放して、縁側の椅子に腰掛けての話になった際「縁側が何故こんなに涼しいのか?」と驚く知人に、夏の太陽は真上であるため、庇(ヒサシ)が深い家は、日差しが家の奥の方まで入らない上に、屋根の瓦の下に敷かれた土壁が温度湿度の調整を行なっているためだと説明した。

日本建築は、気候風土に合った「夏涼しく・冬暖かく」の知恵が活かされているのである。

最近、建物の基礎に換気口を設けると、建築許可が下りないと云う業者がいるが、建築基準法は基礎につき、「**換気口を設ける場合その周辺に径九㎜以上の補強筋を配置すること。**」との規定を設けているだけである。換気口の設置を禁じる規定は見当たらない。

気候風土により湿度の年間差異が大きなわが国においては、縦基礎の換気口は絶対設けなければならず、施工業者の言う「阪神の大震災後から換気口は設けられない」の手抜き理由を鵜呑みにしてはならない。

業者は、基礎工事で換気口を設けるとなると、補強筋のみならず、換気口下のセメントの流し込みに手間を要することになる。

その為、地震という大義名分によって、手抜きの口実としているものと思われるのである。

換気口を設けていない建物

7　建築材料

建築材料を何にするかの大きな問題がある。鉄骨の技術も進化した現在、地震が頻発するわが国では、木造よりも鉄骨を推奨する人が多いと思われる。

小生も、事務所一階部分は鉄骨、その二階は木造で建築した。別に建てた自宅は完全な木造住宅である。いずれも兵庫県下であり、阪神淡路大震災を経たが、洗面所のタイルが少しはがれた程度で、大きな損傷を被ることはなかった。

粗悪普請の事務所の二階で寝ていた孫は、地震の時、怖いと飛び起きた。その事務所建物の屋根は、全面的に葺き替える必要があるとされている。しかし、棟瓦も一二段、下り尾付きで、土で葺いた本格的な日本瓦建築の自宅の屋根は、かなりの重量を持つが、震災から二〇年の現在も、全く傷んでいないと診断されたのである。明け方近くに自宅で就寝した小生は、起きもせずそのまま寝ていた程である。

確かに、神戸では日本建築の木造家屋が倒壊して、火災による被害が大きくなり、多くの犠牲者を出した。しかし、これは全面的に日本建築の否定に繋がるものではないと思われる。

何故ならば、日本建築としての木造住宅にも種々あるからである。建物の壁が竹下地で組まれ、土壁を塗り込まれた物であれば、壁がカスガイの役目を果たす。その様な壁が四面にあれば、壊そうとしても簡単に倒れるものではない。

我が家は、通し柱一三・五cm、管柱一二cm、基礎から屋根までの大黒柱は二三cmの太さがある。同じ木造住宅でも、通常柱を一〇・五cmとするか、九cmとするかによって、建物の強度にはとてつもなく大きな差があることを認識しなければならない。

その上、木の材質によっても使い方によっても強度は異なるものと思われる。小生は、玄関周り・床周り・違い棚・通し柱はケヤキ、柱は檜、造作は杉、と格組大工の棟梁に指定した。玄関の柱に指定したケヤキについては、一本の太い八寸×七寸柱を半分に割って、四寸×七寸とし、七寸(約二一cm)巾の裁断面を表に出した上で、左右木目を合わせるように依頼した。

残念ながら、鉄骨ブロックを積み上げただけの小生の事務所には、湿気が多いのも事実であり、今後も事務所建物についてはは苦労が伴うであろう。しかし、家の方は、床下に風の通路を考慮した換気口を設けたお蔭で、完全に乾燥している上に、木造建築本来の魅力である、無垢材の伸縮によって、湿気についての不安を感じることはない。湿気の多いわが国に於いては、やはり木造建築が一番だと思われる湿気の点に於いては、建築の材質問題だけではなく、敷地が湿地であるか、乾燥地であるかによっても左右される。基礎工事のときの湿地対策が、どの程度配慮されているか問われるのである。

8 無垢材と集成材

長い間、無垢材よりも集成材が優れているとして、つい最近まで住宅には集成材が主流となって使用されていた。建築業界にとって一番大事なことは、材料費を安く上げることであり、材質の強度や耐久性は、二の次・三の次なのである。尚且つ、如何に瑕疵担保期間の一〇年を保持経過させるかである。

建築業界にとっての集成材が優れているとの論理は、輸入製品の多い集成材が長期間の円高により、内地材の無垢材よりも単価的に大きく安価であり、米松・台湾檜の方が単価的に優れていたということなのである。しかし、これらの外材を使用した場合、「すぐに黒くなってしまった」という声を、よく耳にする。建築業者にとっては、引き渡し時の仕上がりが美人であれば良いのである。

現在では、無垢材と集成材の耐久性について比較され、「漆喰で無垢の家」についての出版物も見受けられる程、無垢の木が見直されているようでもあり、無垢材の方が優れていることを記述された書籍もいろいろ有る。わが国の気候風土から考えても、集成材の張り合わせ接着剤が、四季の変化による伸縮の繰り返しにどの程度耐えられるかを考えれば当然である。如何に糊の技術が進もうとも、一〇〇年~二〇〇年の耐久性を実証された集成材が存在していないのに対して、これだけ地震の多いわが国に於いて、無垢材を使用した住宅には多くの実績が存在するのである。

日本の住宅は、絶対無垢材を使用すべきである。

わが国の寒暖差の激しい四季の変化と雨季を考慮すれば、如何に化学が進んでいようとも、集成材の接着剤による伸縮が長期間変化無く耐えられるとは考えられず、劣化は当然考慮されなければならないものと思考する。

糊で張り合わせた集成材が、無垢材よりも強いなどという事は絶対に有り得ないが、無垢材の八〇％程度であった当時の材料費は、施工業者にとっては魅力的な価値であり、値段が安価とされていた分、集成材が非常に優遇されていたということなのかも知れない。

反面、施主からすれば、集成材は強度のみならず、柱の周囲に貼られた材質によって、無垢材のような光沢が望めないということである。しかし、最近では、内地材による建築物件の減少から、国内の無垢材である檜の柱等は、一年前と比較して、約二五％も値下がりしているのである。輸入木材・集成材の円安による値上がりに加え、内地木材である無垢材の値下がりによって、無垢材奨励ともなれば、今後、施主にとっては喜ばしい方向に向かうのではないだろうか？

九〇円で購入出来ていた輸入材料を使う多くの製品が、円安の影響により、一二〇円になっている現在、集成材は、単純計算でも、三〇％以上も高くなっている。値段が逆転した無垢材は、当然、見直されるだろう。

耐久性からみても、価値的に考慮しても、また、化学的病害の無さから判断しても、今、消費者は無垢材使用を選択するべきである。

集成材に押されていた「無垢材の価値」も、最近は無垢材有利説であるように思われるのである。金銭的にも集成材より安価になっているという実益がある。安いとされていた集成材を使用していた業者は、利潤の点からも、実質安くなった無垢材に転換せざるを得ないのではないだろうか。

しかも、最近の各地で発生している集中豪雨により浸水した住居を見れば、集成材の方が強いとする論が正しいとは絶対に思えず、逆に水に弱い集成材が立証されているとも思えるのである。

近年、特に多い「想定外の水害」によって、流失は免れたとしても、集成材の柱やベニヤ板と無垢材では、その差は罹災後の経過によって歴然としてくるのではないだろうか？

五度ほどの建築経験から学び、二年近く要して建てた家が、完成して二八年経過した現在でも、一切改修を要しない立場の素人考えで、「無垢材の構造体」に「瓦屋根」との組み合わせである日本建築を推奨する。その立場で、地震により瓦屋根が否定されていることには、大きな疑問を持っている。

昔から、わが国の建築物に使用される木材は北の雪国から南の台風大国まで、一定のものではなく、雪国では、柱や梁・縁桁・棟木等に驚くほど太い木材が使用されている。重い積雪に耐えるためである。同様に、瓦屋根にするためには、構造材を太くしなければならないのは当然なのである。

日本建築に於いては、その地域毎に最適の、強固で、耐久性のある建物が築造されてきたという歴史がある。古民家再生が流行りの昨今、二〇〇年以上も前に「家」として建てられた建築物の構造がそのまま利用できるなど、先人の知恵に学ぶべきである。

竹で組まれた壁下地は、小屋束と一体となり、土壁は竹の網目に食い込み、柱と壁がセットになってカスガイの役目を果たし、柱と梁の組工部分には、欅（ケヤキ）の「コミセン」が打ち込まれている。このため、倒壊しそうになった古い建物でも、倒れることなく持ち堪えており、迷惑であるとも言われるほどの強度を保っているのである。

二寸（約六㎝）や三寸の細い柱を使用した住宅では、屋根を瓦にすることは不可能であろう。

しかし、木造住宅であっても、それ相応の材木を使用して建築されていれば、屋根を瓦にしても問題はないのである。残念ながら、阪神大震災時に倒壊した古い木造住宅では、車庫の必要性からか、柱を抜いたりしていたが為の倒壊が相当数あったのではないかと、データの無い疑念を持っている。

小生は、建築業者でも建築家でもない。その為、比重計算の結果としての記述ではなく、また、自己利益の観点からの記述でもない。あくまでも自己の経験と多くの見聞から、粗悪小屋被害者の減少を願う立場としての素人意見であることをご理解されたい。

9　住宅の建築敷地

車で堤防を走行していると、「こんな堤防の下に家が建っているが、水は大丈夫だろうか？」と孫が心配した事がある。最近では処構わず建物が建っているが、住宅の敷地選びは非常に大事である。

小生の住む兵庫県にＪＲの加古川という駅がある。加古川市に在るその駅で水害が発生した。昭和二八年九月二四日のことである。台風の影響による多量の降雨によって、加古川という川の水位が高くなり、溢れ出た水は、堤防の外を流れて加古川の駅と街へ流れ込んだ。帰路の電車が不通になり、小生も帰宅したのは日付の変わった午前二時であった。多くの人が水害を経験したその後、加古川市の川上にある神野駅の下に揚水場が造られた。

川の水位が上昇した場合、堤防の水路は閉鎖される。川に流れ込むことを拒まれた水は、堤防の外側に充満する。この為、堤防より少しばかり高台の宅地くらいでは安心できないと思われるが、堤防よりも低い場所に建てられた住宅は当然水害の危険性が非常に高まる。このような場所はある程度購入時点で判別がつくものである。

確かに、よほど吟味しても避けられない場合もあるだろう。しかし、一度建てれば簡単に場所を変更する訳にはいかないのが住宅である。敷地決定は慎重の上にも慎重を期すべきなのである。

水害のある場所は、昔から一〇年周期の如く水害に遭い、排水ポンプが設置されていても「災害は忘れた頃にやってくる」とはよく言ったもので、ポンプの手入れが行なわれていなかった等の理由で、災害に見舞われている場所もある。

土石流によって大きな災害を被った広島県の新興住宅地は記憶に新しい。昨今、異常降雨により政府のよく使う「想定外」の土砂災害がたびたび発生している。

弟が住宅を建てる為の敷地を探すことになった時の事である。昭和四七年当時、探し出した候補地は、坪単価がそれぞれ、二万五〇〇〇円、三万六〇〇〇円、四万二〇〇〇円の土地であった。弟が選択したのは「一番安いところ」であったが、小生は「住宅地選びには利便性も考えた上で、長い将来を見据え、少しぐらいの金額で惑わされてはならない」と提言した。

通勤のみならず、子供の通学、毎日の買い物、災害の可能性等を考慮すれば、今の五〇万・八〇万円は長い期間において簡単に取り戻せるとして、最終的には、小学校・中学校・高等学校の隣接地である、四万二〇〇〇円の宅地五〇坪を二一〇万円で購入した。

住宅地については、利便性等は最重要として考慮されなければならないが、堤防よりも低い土地への浸水、土石流等も考慮し「安い」ことだけを絶対に選択条件としてはならないのである。

10　家族構成と建物の平面図

住宅の取得について思案する際、自己の考えを纏める為にも、平面図は絶対に必要である。その平面図を基本として建築について計画されなければならない。資金的な面から必要最低限の面積を削減するような変更をするとすれば、築後間もなく後悔することになる。それを回避するためには、建築費用や計画図の変更ではなく、経費率の低い建築業者を選定できるように努力すべきである。

建築の基になる平面図がなければ、自己の意思以外の余分な場所を作ってしまうとか、建築資金の予算に圧迫され、必要部分を削ってしまった結果、建築後間もない期間で増築の必要性に迫られてしまうということになるかも知れない。子どもの成長・巣立ち等によって不要な支出を招くかも知れない。しかし、少なくともローン返済期間中には増改築の必要は無いような配慮がなければならない。

また、不動産に対しては、毎年、固定資産税が課税されることにも留意しなければならない。いくら資金力があるからとしても、余分なものは建てないことである。

市街化区域で五〇〇〇万円投入した建物であるとすれば、通常、その七〇％に対して約六〇万円、月額にして五万円が課税される。年々低減するとしても一般的には馬鹿に出来ない金額である。場合によっては、健康保険税や保育料等にも固定資産税が影響して高額になってしまう恐れがある。自分自身の支払能力だけではなく、子や孫へ及ぼす影響も考慮した上で、支払可能な金額でなければならない。

例えば、一億円投入すれば、年間約一二〇万円の固定資産税となり、それを維持する時の苦労を考えなければならない。一〇〇年住宅であっても、子や孫がそれに耐えられるだけの所得を継続維持していけるかどうかの問題もある。

ところが、高額なだけの粗悪小屋を手に入れてしまった人は、その様な税額にすらならない。つまり、いくら建物に支払った金額が高額であったとしても、建物に価値が無いのであるから固定資産税の評価額がそれには及ばないのである。

いくら高価な集成材を使用していても集成材は集成材であり、安価に入手した無垢材であっても、それは正当な評価を受ける。従って、それなりの材料を使用していないプレハブ住宅等に対しては、購入金額の半額、又は三分の一程度の評価にしかならないのであるから、高税額になるはずもない。固定資産税査定の際には、屋根材から使用木材まで全てを対象にランク付けして評価される為である。

核家族化が進む今日、二〇年先の家族構成がどのように変化しているかもよく考えて平面図を作成しなければならない。恐らく地方に住む多くの人の子どもは、二〇年も先になれば、進学・就職等で出て行く事になるのであろうが、その後帰省しようとしても就職口も無く、帰省しにくいのが現実ではないだろうか。しかし、多くの人が一番出て行って欲しい邪魔物・極道モノのローンは出て行かない。それどころか、粗悪小屋を手にしてしまった人は、大修理によるローンの上積みを余儀なくされ借金の増額に追い回されて、苦しむことになるのである。

第二章　住宅の購入価格

1　安い住宅

住宅を購入しようとした場合、安く買いたいとは誰もが思うところであろう。では、安い住宅とはどのような住宅なのであろうか？何が安くて何が高いのか、ここをしっかり理解していないと、営業マンの催眠術にかかり、結果的には、高額なだけの粗悪な小屋を掴まされてしまう。

住宅を「安く買う」のと「安物を買う」のとでは大差がある。「安く買う」とは、資金の大半が建物本体の価値ある資材等に使用されており、経費への投入が少ない物件を購入するという意味である。この様な物件は、「価値あるものを安く買う」と言える。

一方、「安物を買う」とは、建物には直接関係のない経費ばかりが目立ち、肝心の建物本体には価値の無い資材等が使用されているような物件を購入することである。この様な物件の場合、いくら支払金額が安くとも、結果的には「高い買い物」になってしまう。

住宅購入後に課税される「固定資産税の評価額」は、取得金額の約七〇％と言われている。例えば、二〇〇〇万円で取得した住宅の評価額が、一四〇〇万円であれば、支払った金額は概ね適正価格であると言える。しかし、一二〇〇万円以下（六〇％以下）の評価しか出なかった場合は、価値の無い部分への対価を支払ったことになり、「高い買い物」をしてしまったと言わざるを得ないものと思われるのである。

最近の極端な例として、四〇％以下の評価しかされなかった場合もある。二五五〇万円を支払った物件に対して、市役所は八〇五万円の評価額しか出さなかったのである。この評価額の八〇五万円から逆算すると、建物本体の評価基準となった金額は、一一五〇万円ということになり、支払った二五五〇万円から差し引くと、残りの一四〇〇万円は経費ということになる。

つまり、本体率四五％（一一五〇万円）に対して、経費率が五五％（一四〇〇万円）であり、この業者は、建物には関係の無い広告・人件費等で一〇〇〇万円以上もの暴利を得たということであろう。

残念ながらこのような固定資産税の評価額は、購入前には判明しない。だからこそ、固定資産税の予定額を知る必要がある。納付予定を立てる為には、新築後、間もない先輩施主の建物を実地見学（この場合は新築物件見学に価値がある）し、必ず聞いて建物の価値を調べるべきである。

仮に家を建てるとして、二〇〇〇万円の予算があるとする。インターネットで「注文住宅の坪単価とカラクリ」を調べてみれば、ハウスメーカ・設計事務所建築家・工務店、のそれぞれが本体価格に予算のどの程度を使用するかが出てくる。

まず、ハウスメーカは一〇〇〇万円（予算の五〇％）、次に設計事務所建築家では一二〇〇万円（六〇％）、最後に工務店が一五〇〇万円（七五％）とされていた。しかし、ここに表示されていなかった格組大工を考えた場合、予算二〇〇〇万円であれば、一六〇〇万円（八〇％）以上が本体に使用されると思われる。それだけ格組大工さんの経費率が低いということなのである。

昔から木造住宅は、木三倍と言われている。つまり、木材費（木工事）の約三倍の費用で家が建つということである。七七頁表は、富山県木材協同組合連合会「住まいの木材費」を参照させて頂いた。

No.	建築費用区分	比率（%）		
1	建築工事費	73.9	基礎等	8.6
			木工事	35.4
			屋根・左官等	10.8
			建具	10.6
			内外装塗装	8.5
2	設備費	20.1	住宅設備	7
			電気設備	4.3
			給排水設備	8.8
3	諸経費			6.1
計				100

新築住宅の事例

区分		使用料	費用の率（%）
木材	構造材	0.14m^3／m^2	5.6
	下地材	0.02m^3／m^2	0.6
	造作材	0.04m^3／m^2	5.3
	小計	0.20m^3／m^2	11.5
大工工賃		1.5 人／m^2	23.4
釘・金物類		1.8kg／m^2	0.5
計			35.4

木工事 35.4%の内訳

富山県木材協同組合連合会「住まいの木材費」
（http://www.toyamakitosumai.net/building/cost/）

2 住宅はファッションではない

住宅は、すぐに買い替えが出来る衣服を購入するのとは訳が違う。一生モノの高額な買い物であり、大多数の人が長期間のローンを組んだ挙句、借入金の返済に苦しんでいる。住宅を選ぶとき、衣服と同じ感覚の趣味で選択してはならない。

生活を営む本拠地としての住宅は、見栄や外面の為ではなく、楽しく明るい家庭生活を送るための建物でなければならない。その為には、実質的に価値ある住宅を求めることが重要である。でなければ、借金を重ねることにもなりかねない。粗悪品は絶対に購入しないようにしなければならないのである。

趣味は年齢によっても変化する。なのに、一時的な嗜好から住宅を選んでしまって良い筈がない。住宅は実益的な立場から選択すべきなのである。

雨が上（うえ）から降るとの固定観念も、住宅に関しては持つべきではない。横から吹き付ける雨も、下から吹き上げる台風の雨も、容赦なく住宅を襲う。このような状況で漏水が想定される建物は、避けなければならない。わが国の気候風土を考慮しない建物は無謀である。

気候風土を考慮しない建物の最たるものが、軒先の無い建物である。使用木材を節約させる為なのか、細く間隔の広がった垂木では、軒先を作ることが出来ず、重量のある瓦を支えられない。

その解決策として、カラーベストに代表される、一番安価で軽量のスレートが多く使われてきた。しかし、平成一二年の新築物件保証期間改正で、一〇年間に保証義務が延長された後、スレート使用の新築物件が減少しているように感じるのは、小生だけであろうか？

塗装や棟板金に銅板が使用されていないスレートは、一〇年程度で板金塗装をしなければならない。しかも、その時には、「工事用の足場代」を含めた高額の改修費が必要となる。このことは、建築業界に於いては定説とされているのだが、住宅ローンを背負った購入者だけが知らないのである。

「庇（ひさし）を貸して母屋を取られる」という諺がある。これは、一部を貸したばっかりに全てを取られる、という意味であるが、それ以外にも「恩を仇で返す」という意味もある。庇も無いような「初めから庇を取られた粗悪な小屋」を掴まされた施主は、建築業者に裏切られたのも同然であり、業者から恩を仇で返されたといえなくも無い。

最初から庇の無い流行の建物であり、漏水が常識であるということを、施主が承知しているのであれば、その様な心配も不要なのかも知れない。しかし築後、わずかな短期間で大改修が必要になるのであれば、住宅を建てたと思っているのは施主だけで、建築業者は小屋を建てたくらいにしか、認識していない裏切り行為ではないかとも思われるのである。

3　良い住宅とは何か？

大多数の人は、左記のような住宅を求めていると思われる。

①安い住宅

②長持ちする住宅

しかしながら、短期間で大規模な補修を要する物件であれば、それは如何に安くとも非常に高い買い物である。

一七頁の「支払額に対する本体価格の比較」表と、七五頁の「注文住宅の坪単価とカラクリ」部分で記載した内容からも明らかなように、同じ二〇〇〇万円を支払うにしても、業者によって、本体部分に使用する金額は大きく異なる。つまり、施主にとっては、本体比率の高い業者に発注する方が良い住宅を得られるということになるのである。

Ａホームで売り出された、一〇〇㎡一〇〇〇万円の住宅は、単純計算で㎡単価一〇万円ではあるが、実際の取得額はその額では済まない。ましてや、購入時に更にいくらか分の値引きがあったとすれば、築後間もなく補修に要する費用が値引き分以上に掛かったとしても、粗悪品であると諦めるしかない。実際、質の高い良い住宅を手に入れようとすれば、その程度の額で購入できるはずもない。

しかし、最近の建売住宅には、㎡単価が二〇万円を超えていながら、一五年程度で屋根・外壁塗装等に何百万円単位の改修費が必要な「粗悪住宅」が増えている。購入時の多額の借入金返済に苦しんでいる上に、補修費用の為の借金が上積みされ、破綻に追いやられる人が多いのである。

少なくとも三五年間もの長期ローン返済期間中は、大改修を必要としないことが大前提である。しかし、取得時には知らず（知らされず）に、多くの人が見た目の嗜好や流行だけに左右されて購入している。軽はずみに購入するのではなく、本当に価値ある良い住宅とは何かを見極め、本体比率に重きを置いた技術ある職人が施工した住宅であれば、借入金の上積み地獄には陥らずに済むことを肝に銘じるべきである。

五〇年程度は大改修を必要としない住宅を求めなければならない。また、その様な住宅は、現在でも安価で求めることが可能なのである。

純日本建築は、昔からわが国の気候風土に適した建物である。このことを理解しているか、していないかでも大きな違いがあるが、それ以前に、「純日本建築は高い」と、多くの人が誤解している。再三記述したように、本体率の高い施工業者に依頼すれば、それだけ建物本体にお金が使われるのであるから豪華になる。そして、本体率の残りが経費率となる為、支払総額には大差がないのである。

例えば、同じ支払総額二五〇〇万円を支払ったAさんとBさんが居る。Aさんの依頼した建築業者の経費率が五〇％、Bさんの依頼した建築業者の経費率が二〇％であったとする。

この場合、Aさんの建物本体に使用された金額は、一二五〇万円、Bさんの本体金額は、二〇〇〇万円ということになり、差額が七五〇万円ということになる。この差額分で、建物本体に上質な材料を使用することが可能なのである。つまり、Bさんの方が良い住宅を手に入れたという事である。（一七頁）

建築業者・販売業者にとって、モデルハウス、セールスマン、広告宣伝費等は必要不可欠なものである。そのこと自体を否定するつもりは毛頭ないが、消費者側立場として、支払総額に大差がないのであれば、購入物件の本体価格・本体価値に直接影響のないこれらの費用は、多いよりも少ない方が有難い。

今までは、無垢材よりも集成材の方が強いとして、集成材を推進した業者が多かった。

しかし、これは、わが国の気候風土から、化学糊による接着剤の耐久性が、長期間の温湿度の変化に耐え得るものであるか否かを考えたとき、疑問が残る。

最近になってようやく、「集成材よりも無垢材の方が強い」としての無垢材推進論が出てきた。

このことは、一因だけによるものではない。

①無垢材の本来の強さが見直された。
②内地木材の利用低下により、集成材より無垢材の方が安くなった。
③最近の円安の影響で、輸入の集成材の方が値上がりした。
④集成材の合成糊等に因る病気。

等が考えられる。今後、益々無垢材推進傾向が高まるのではないだろうか。

しかも、無垢材を使用して、日本瓦葺きで仕上げた純日本建築の建物は、そう簡単には、大改修を必要とはしない。三〇年・四〇年経過後も、破風板（入母屋造りの妻側にある三角形の部分）は十分に役目を果たしている。伊達に付いている訳ではなく、風雨を避け、雨漏りを防いでいるのである。

その様な、わが国の気候風土に適した純日本建築の住宅を、一五年程度で雨漏りするような安普請の住宅と、ほぼ同額か、或いは、実質、それ以上に安く建築することが可能なのである。

その為には、先ず、「大工さん」と呼ばれる人を探し出すことである。

ここで云う「大工さん」とは、二〜三人程度で「吊り束細工（鴨井を吊り下げる短い柱）」の出来る、職人気質の格組大工さんのことである。

現在、この様な腕のある職人は少なくなってしまっている。残念なことに、腕があっても仕事が無い為、プレハブ住宅の下請けの仕事をしている人もあると聞く。

国宝的な建築技術を失う方向に進んでいる現実は、他人事ながら、非常に勿体ないものだと思う。

幸いなことに小生宅は、格組建築で築後二八年、余生は十二分に耐え得る建物である。雨漏りの心配も無く暮らしていることに感謝している。

住宅購入㎡単価の参考

№.	取得年	延㎡	支払い金額（万円）	㎡単価（円）	備考	頁
1	S 55 年	208.00	2,124	102,100	事務所	
2	S 57 年	216.60	1,995	92,100	写真	139
3	S 61 年	163.59	2,800	171,100	写真	46
4	H 01 年	78.65	690	87,700	写真・ガレージ	46
5	H 03 年	78.66	1,356	172,300	建売	
6	H 05 年	118.32	2,700	228,100	陸屋根写真	50
7	H 06 年	188.73	3,157	167,300		21
8	H 06 年	168.00	1,900	113,000	カラーベスト	
9	H 12 年	126.12	2,954	234,200	平屋・和瓦	
10	H 14 年	203.97	5,126	251,300		
11	H 17 年	159.75	2,697	168,800	洋瓦	
12	H 20 年	148.91	2,690	180,600	洋瓦	58
13	H 20 年	132.00	2,300	174,200	和瓦	
14	H 25 年	121.72	2,252	185,000	洋瓦	
15	H 26 年	118.21	2,558	216,400	洋瓦	

№3　床下排気口の為、床下は完全乾燥している。樋（雨ドイ）は銅
玄関、床、階段は欅（ケヤキ）の無垢材、大黒柱は 23㎝
中戸・一枚杉の 4 枚板戸、玄関ロビー、縁側はカンボジア松の無垢板
別彫りの欄間を含む

№6　築後 16 年経過時点で、約 160 万円の防水・塗装工事

№8　築後 20 年経過時点で、約 120 万円の防水・塗装工事
当物件は、取得時の支払金額が低いので止むを得ない
（カラーベストは 15 年程度で塗装の必要があるのは常識である）

住宅は、台所・浴室・洗面所・トイレについて『金食い』と言われる箇所がある為、通常、120㎡を超えると平均㎡単価は下がると思われる。

4　築後一五年程度で大修理が必要な粗悪小屋

人生五〇年と言われた昔であれば、三〇代で建てた住宅が二〇～三〇年も持てば事足りたであろう。しかし、今や、人生八〇年の長寿時代である。三〇代で建てた物件は、五〇年以上は耐えて欲しいものであると誰しもが思うところである。いくら建物の保証期間が一〇年であったとしても、施主はそのような短期間の為に大金を投じているのではない。

無い物ねだりというのであれば、諦めも付こうものであるが、実際には無い物ねだりではない。わが国の気候風土も考慮された上で、五〇年以上も大きな修理を必要とせず、耐え得る住宅を建築することが現在でも可能なのである。しかも、金額的には、同額程度か、若しくは安い場合さえある。

短期間しか耐えられない物件を購入して苦労されている住宅が、小生宅の近所にもある。

平成一九年三月、小生の顧問先が譲渡した農地を住宅地に造成して、一〇戸の建売住宅を建築した開発販売業者があったが、九戸が販売された時点で、その業者は倒産した。

その一年半後、別の業者により最後の一戸も売却され完売した。しかし、最初の九戸の中には、築後、わずか六年余りで、足場を組んで外壁塗装をした家も何軒かある。最後に販売された一戸も、購入からわずか五年程しか経過していないにも関わらず、既に外壁には一〇円硬貨が入る位の隙間が空いている。

これらの住宅は、保証期間が延長された後の建築ではあるが、後述する「住宅瑕疵担保履行法」（補償を確実に業者に履行させる制度）が制定される以前に、業者が倒産してしまっている為、これら一〇軒の建売住宅を購入した人達は、補償という救済を受けることはできない。

平成一二年以後、新興住宅物件については「一〇年間の瑕疵担保責任」の法律が存在している。そして、その保証期間は契約によって「最高二〇年までとすることが出来る」ことにもなっている。

しかし、平成二一年一〇月以前に引き渡された建物についての補償履行制度の法は無かった。ましてや、業者が倒産してしまっている場合など、空念仏の法であって、消費者は泣き寝入りをする以外に方法は無い。従って、こんなレベルの低い粗悪小屋を見抜く目を養う以外、手は無いということなのである。

5 新築物件の保証期間

小生が自宅を建築した昭和六〇年頃、民法の規定による瑕疵担保責任期間は、二年であった。その為か、同じ頃に建築中であった別の建売住宅を見学した際、そこの販売員は、「この物件は土地だけの値打ちで、建物は五年持てば良い」と発言していたことがある。

また、大阪市内の分譲マンションで、補修要求を放置され、保証期間が経過してしまったこともある。管理組合から管理会社を通して、建設販売業者に補修を要求したのであるが、管理会社の段階で放置されており、補修されることなく、二年という保証期間が経過してしまった。

後に、一括管理契約を受けていた管理会社は、その建設販売業者が分譲する全てのマンションの管理を委託される、従属的立場から、物申し難い立場であることが原因であったと判明した。

しかしこの件は、「管理会社は建設販売業者が強制的に決定していたもので、業者・管理会社は同一であり、一体責任である。」として、管理組合役員が責任追及を行なった結果、期限後に無償補修をさせることが出来たのである。

その後、平成一二年四月一日、「住宅の品質確保の促進等に関する法律」が施行された。

それまでは、民法の保証期間二年との規定を適用するしかなかったが、新築住宅に対する瑕疵担保責任の期間として、目的物の引き渡しの日から一〇年以上の保証期間を義務とする法律が新たに適用されることになったのである。

尚、新築住宅に対する瑕疵担保責任の期間が一〇年以上の義務とされたのは、建物の構造耐力上、主要な部分「柱、梁、耐力壁、基礎、土台等の構造躯体と、雨漏りの侵入を防止する部分（外壁や屋根の仕上げ・下地・開口部等）」についてである。外壁等は、一〇年前後から傷みが判然としてくる為、保証期間内だけの維持に終わらせるのではなく、期限前には最善の注意を以って点検し、期限内の補修対象とすべきである。

確かに法律で定められている保証期間は一〇年であるが、二〇年までの延長も可能とされている。保証料の問題も伴うが、一生ものであるべき住宅が、二〇年間の補償も出来ないような物件では、購入意欲も失せようというものである。しかし、購入するからには、契約内容を確実に把握し、瑕疵担保責任についての内容を吟味して、保証期間内の権利は行使すべきである。

新築住宅以外の瑕疵担保責任や中古物件の場合は、従来通り二年以上の期間を定めること（宅建業法）とされており、二年を超える場合は、別途その旨の瑕疵担保責任契約が締結されていなければならない。

この「住宅の品質確保の促進等に関する法律」により、新築住宅の保証期間は伸長された。しかし、この期間内に建築業者が倒産する等により、その責任が果たされない場合もある。このような買主を救済する法律が、次の「住宅瑕疵担保履行法」である。

6 補償と履行担保制度

業者の保証期間内に於ける、前記の倒産の場合のような補償不履行に備えて、売主や請負人に対する「住宅瑕疵担保履行法（平成二一年一〇月一日施行）」が制定された。

これは、保険または供託による資力確保措置が義務付けられているもので、引き渡しを受けた日から、一〇年以内の瑕疵担保履行保証が確保されている。

しかし、「住宅の品質確保の促進等に関する法律」施行日（平成一二年四月一日）以前の購入者と、「住宅瑕疵担保履行法」施行日（平成二一年一〇月一日）以前に業者に倒産されてしまった購入者は、粗悪小屋を手に入れてしまったにも拘らず、担保履行が不可能である為に苦しんでいるのである。

この「住宅瑕疵担保履行法」の救済を受けられずに苦しんでいる人の中に、前述の平成一九年・二〇年頃に建築された総戸数一〇戸の建売住宅購入者が含まれている。この建築業者は、最初から倒産予定でもあったのか、一部の建物の屋根には、寿命が七～八年と言われるスレートを使用している。建築されたのは「住宅の品質確保の促進等に関する法律」施行後であるが、肝心の「住宅瑕疵担保履行法」施行以前には倒産してしまったのだ。

その住宅の買主が、現在も外壁塗装に追われているなど、買主側の屋根や壁面についての知識欠如が悔やまれるのである。

第三章　住宅建物について

1 地質検査

最近、大型マンションで、打ち込み杭の手抜き工事による地盤沈下と、マスコミを騒がせているが、新築一戸建て住宅の場合にも、「地盤保証制度」というものが適用される。

これは、建物の構造耐力上主要な部分、及び雨水の侵入を防止する部分に対してのみ適用される、「住宅瑕疵担保履行法」では補い切れない、不同沈下などの地盤の瑕疵についても一〇年間保証されるという、業者向けの保証制度、保険である。住宅取得者が直接請求は行なえない。

建築業者によっては、地質調査を実施してから、適切な地盤補強工事を行なう為の見積書を提出する場合がある。その土地が、切り土か、盛り土か、または湿地であるか等の敷地の状態によって基礎工事が大きく異なる為である。この様な工程を経た土地に、不同沈下などの地盤の瑕疵が発生した場合の保証制度である。

建物で一番大事なのは地盤であり、地盤沈下は恐ろしい。建売住宅の場合には、尚更、敷地に対して慎重に吟味すべきである。

地質調査すら疎かにしているような土地の場合、「地盤保証制度」の対象にすらならず、建築業者が地盤の瑕疵についての一〇年保証も受けられない為、購入者である消費者も危険である。

そればかりか、床のガラス玉が転び、各部屋の戸の開閉が出来なくなり、酷い時には、建物の倒壊問題にすらなりかねない。細心の注意を払うべきである。

造成地の良し悪しを知る人は、土地購入時から努力を怠らない。盛り土の地盤沈下の状況を心得ているが故に、切り土の敷地を指定で探すのである。

以前、小生が約二〇〇㎡の小さい土地を所有していたところ、その土地が切り土であることを知って、購入を希望された人が居た。三日間連日で押しかけられ購入を希望されたので、最終的には、根負けして売却したのである。

良い住宅を建てることの第一歩が、そこまでの努力をして良い土地を購入する、ということに間違いはない。

しかし、そこまで土地に配慮して購入されたにも拘わらず、その土地に建てられた住宅は、とても研究して努力を尽くされた物とは思えない、現代的（？）な建物であった。

2 基礎工事

建物にとって、基礎工事は最も大事な工事であり、最近の基礎工事に於いては、ベタ基礎が常識のようである。

それは、地面一面にビニールシートを張り、建築部分全面にコンクリートを打設して、平面的に地盤に接地させることによって、住宅を支えようとする基礎工事である。

そのベタ基礎の上に、建物の形に添った、縦基礎と言われるコンクリートの立ち上がりを作る。現在の一般的な住宅、特に建売住宅等ではこの縦基礎に、換気口が設けられていない場合が多い。(五八頁)

確かに阪神大震災後も、**換気口を設けてはいけない、とか、設けなければいけない、との強制規定は無い為、換気口設置は任意である。**

しかし換気口を設けなければ、手間が省けて工期が早まる、とか、工事費が僅かながらも安くなる、といったことと引き換えに、床下の空気の循環が行なわれない為に、湿気という致命傷がある。

縦基礎に換気口を設けていない場合、「基礎と土台の間にパッキンが入っており、その間から換気される」と、施工業者は説明するが、その程度の隙間で、そう簡単に空気は換気されない。

しかも、一旦、湿気てしまった床下は換気が間に合わず、乾燥することもない。早ければ、建物取得後七〜八年で、床下が腐敗して修理とともに換気の為の換気扇を設置しなければならない。

その人は、室内の床が軋むのを不審に思ったのを発端に調査したところ、床下が湿気ていることが原因であると判明した。結局は、六台もの換気扇を設置しなければならず、それ以降、電気代というランニングコストが発生し続けることになったのであるが、無論、工務店側は欠陥とは認めず、大きな負担を強いられることとなった。

基礎工事段階で、縦基礎に通風考慮の換気口を設けていれば、床下が湿気ることも無く、後の換気扇設置費用も、不要な電気代も支払う必要はなかったのである。換気口は必ず設置するべきである。

基礎工事について、阪神大震災後、業者は「換気口を取れば、建築許可が下りない」と言う。

しかし、換気口設置を禁止する規定は無いのである。

強制規定ではなく「**換気口を設ける場合は、その周辺に径九㎜以上の補強筋を配置すること**」との基礎の強度を求めている規定なのである。従って施主は、業者から言われるままに換気口を設置せずに、基礎工事を終わらせるのではなく、換気口を設ける為の強度を持った基礎工事を依頼するべきなのである。

「高き住居は児孫の和楽、想へ惨禍の大津浪、此処より下に家を建てるな」の石碑がメディアで取り上げられた。あの忌まわしい二〇一一年の大津波後の事である。しかし、現代人は昔の人の戒めを無視するかのように、経済発展と共に宅地を下へと広げていった。

同様に、住宅を建築する場合、建築しようとする土地は、地域毎に地質が異なる為、その地域の特質を知る人によって、考慮されてきたのである。

昔の基礎は、近隣の人の協力を得て、石打をした「石の基礎」であった。この為、基礎部分に水が溜まりにくくなっており、木材にも基礎からの水分は吸収されにくかった。しかし、コンクリート基礎になった現在、常に水分を吸収するその性質から、木材が直接コンクリートに接触する部分は水分の吸収が激しく、腐敗しやすい為、一〇〇年・二〇〇年の耐久は望めないのかも知れない。

そこで、現在ではあまりにも高額な石の基礎は避けて、コンクリートの基礎と土台の間に部分的に石材を入れて基礎工事を行なった人がある。この工法によって、直接、コンクリートに木材が接触する部分が減少したのであるから、木材の寿命は大きく延びることと期待される。コンクリートの寿命が一〇〇年以上も耐えられるか否かは疑問であるが、建物が耐えられる期間の伸長には有効な方法であると思われるのである。

砂上の楼閣では困る。建物についての基礎は最も重要であり、家が傾くことの無い基礎工事にする最善の努力をしなければならない。

3　湿気は建物の大敵

雨量が多く、梅雨という日本特有の期間が長いわが国に於いて、建物の湿気については最善の配慮が施されなければならない。特に、床下の湿気を防ぐことが最重要である。

建築後、短期間で大改修が必要となるのは、床下の湿気・屋根材・外壁である。これらは全て、高額な改修費が必要となるが、とりわけ、床下の湿気については、換気扇の設置に留まらず、電気代としてのランニングコストが、継続して必要となるのである。

不要な大改修や不要な出費、そのような事態を防ぐためにも、業者の手抜き工事の口実を排除して、基礎工事の床下換気口は絶対に設けなければならない。

基礎工事だけでなく、建物そのものにも湿気を考慮した配慮が必要である。

屋根は、長期間耐え得る資材を使用し、軒先は深くする。また、外壁材は、目地のコーティングが簡単に割れるような材質は避けるべきである。図らずも、割れ目から雨水が侵入する可能性があるときは放置せず、小まめに補修して防水しなければならない。

マンション等にはコンクリートが使用されているが、本来、住宅には、不向きとされている。家財道具・衣服・健康等のことも考慮しておかなければならないのである。

4　職人気質の大工を探せ

一言に大工職人と言っても、宮大工・格組大工・冷や飯大工等、様々である。しかし、タッカーという木工用のホッチキスを打つだけの人や、ナットを締めるだけの人は、大工とは呼べない。ましてや、半年も経験を積めば棟梁と呼ばれるなど、有り得ないことであるとは思うのだが、建築会社からは若いからよく仕事をする棟梁として、褒められる存在となっている例もあると聞く。

一時、下請けの職人は、元請会社から、釘やナットの指定本数を減らして、採算を合わせるように指示されていたという。しかし、Mホームの建築した建物の屋根の多くが、伊勢湾台風の強風で飛ばされてしまった、との報道を受け、手抜き工事と騒がれた。クローズアップされた箇所のみの対応を行なうのは世の常のようで、その後は、指定本数を順守しているか、のような管理に重きが置かれている。ナットを締めるだけ、指定本数管理を行なうだけが大工ではないし、ましてや棟梁でもない。

大工職人が二年や三年では棟梁になれない。大工の棟梁とは、「棟（むね）」と「梁（はり）」の字の如く、建物の基礎になる部分を表しており、木造建築の要になる人物なのである。

一説には、木造建築以外の住宅建築現場のリーダーは、棟梁ではなく、親方と呼ばれるとの説もある。

しかし、最近では、格組工法の本格的木造住宅を建築する人が少なくなったことも手伝って、腕の良い、棟梁と呼ばれる職人を探すことが困難である。しかも、腕の良い棟梁ほど、営業能力が無いのか、昔ながらの職人気質であるからなのか、外に向かっての大々的な宣伝活動を行なわない。結局は、既に建築された建物を見て、評判に頼るしか無いのかとも思われる。

同じ金額を支払うのであれば、五〇年以上、大修理を必要としない木造住宅を得たいものである。その為には、やはり、職人気質の腕の良い大工棟梁を探し出すしか方法は無い。

木造建築が減り、プレハブ住宅が主流となっている現在、棟梁も務められる程の腕を持つ、職人気質の格組大工が、営業を要しない下請けに甘んじ、ナット締め工に甘んじているとも聞く。

その程度の腕しか持たない職人、建築会社がもてはやす、若いからよく働くだけの棟梁であるならば、それも仕方のないことなのかも知れないが、棟梁として立派な腕を持ちながら、職人気質で営業能力に欠けるが故の人であれば、非常に惜しい人材であると思う。

しかし、内地材の需要が減少して製材所も少なくなり、木材価格も高値時期から比べると四分の一であると言われる昨今、消費者によっては、千載一遇のチャンスなのである。

国宝的技術が消滅してしまう前に、本当に価値のある住宅を得る為の努力をしなければならない。その為にも先ずは、職人気質の大工棟梁を探し出さなければならないと思えるのである。

5　格組《こうぐみ》（木を縦横に骨組み）工法

家を建てようとする場合、純日本建築は何かと敬遠されがちのようである。

一番の原因は、やはり日本建築は高いとの誤解を受けていることのようであり、その次に挙げられるのは、地震・台風に弱いという固定観念からの誤解を受けての敬遠のようである。

一番目の要因である高額になるとの誤解を受けている点については、再三、述べてきたように、全くの誤解であると思われる。

例えば同時期に、二七〇〇万円で建てたプレハブ住宅と、二八〇〇万円で建てた純日本建築の住宅があるとする。この時点で支払金額だけを見れば、プレハブ住宅の方が確かに一〇〇万円安い。

繰り返すが、プレハブ住宅の本体比率は五〇％、経費比率も五〇％とされている。この例で云うと、実際に建物本体に使用された金額は、一三五〇万円、経費も同額ということである。

同じく、純日本建築の場合、本体比率を八五％、経費比率を一五％とすれば、建物本体に使用された金額は、二三八〇万円、経費は、四二〇万円ということになる。

実際に支払った金額は、プレハブ住宅の方が確かに一〇〇万円安いが、建物価値としての本体に使用された金額として比較してみると、純日本建築の方が一〇〇〇万円も多く使用されているのである。ここで高いという誤解が生まれるのであろうか？

しかし単純計算で、一三五〇万円の建物と、二三八〇万円の建物、という大差である。購入時点で、純日本建築とほぼ同額の金額を支払ったプレハブ住宅の建物本体は、純日本建築の六割弱程度の価値しかないということになる。つまり、この本体価格の差が、即ち、本体価値の差と言うことである。

しかも、プレハブ住宅の方は、建築後**二〇年も**経過した頃には、屋根の葺き替え、外壁塗装、床下の湿気対策等、新たに一軒、建てられるのではないかと思える程の巨額の大改修費用が必要となることは珍しいことではない。珍しいどころか、建築業界では常識であるとさえされている。

仮に必要とされた改修費用が、一〇〇〇万円であったとすれば、**二〇年しか**経過していない時点で、初期支払額が逆転して、九〇〇万円、余計な費用を支払わなければならないのである。三五年のローンを組んでいた場合、今後まだ一五年程の返済期間も残っているのに、である。

一方、純日本建築の住宅は、築後二〇年程度では、改修の必要すら発生していない。
小生宅のみに限らず、二〇年、四〇年と経過した日本建築に於いても同様なのである。わが国の気候風土に適した、先人の知恵を継承し続けてきた、職人気質の大工さんならではの建物なのである。

二つ目の要因である、地震・台風に弱いという固定観念からの誤解についてであるが、これは、前項の腕の良い大工棟梁であるか否かが大きく影響している。

最初に注目されたのは、一九九五年（平成七年）の阪神大震災の後である。倒壊家屋の余りの多さに、倒壊原因の調査が行なわれた。その結果、耐力壁（筋交い等）のバランスの悪さや、土台や柱との接合力の不足が指摘された。

この指摘を受けて、二〇〇〇年（平成一二年）建築基準法が改正され、耐力壁の配置や、柱の接合部分に接合金物を選定する基準が設けられた。それまでは、木造三階建ての建物にしか適用されていなかった規定が、木造二階建て住宅にも適用されるようになったのである。

倒壊した建物は何も木造家屋だけではない。近代的で強固であるとされていた、鉄筋コンクリートのビルも、見る影も無く倒壊したり、くの字に折れ曲がったりしたのである。木造家屋も全てが倒壊した訳ではなく、倒壊せず堪えていた家屋もあった。しかし、広範囲に及ぶ火災の延焼からは逃れられずに被害が大きくなった。

本来の大工の格組建築は地震で倒壊せず、堪えていた木造建物も多くあったとも考えられ、逆に大手住宅メーカー等が販売した建築であったが為に地震に強かったということでもない。当時の大手の工法で、いくら太い柱や梁を多数使用していようとも、地震の揺れや台風による強風には耐えられない。倒壊原因の調査時に指摘されたように、結合部分に釘を打っただけでは、強度不足なのである。

地震や強風による揺れによって、土台や梁から柱が抜けようとする力が働く。この抜けを防ぐために、接合金物を選定するという基準が設けられたのである。

しかし、二階建ての木造住宅に接合金物が標準使用されるようになったのは、この二〇年である。地震も台風も最近に始まったことではない。古の昔よりわが国には頻発しているのである。では、一〇〇年も二〇〇年も前から現存する日本建築は、何故、倒壊していないのか?

それこそが、日本古来の骨組工法、格組建築なのである。

本来の格組建築の場合、木の切込み工法、即ち、格組工法（木材同士を接合するために柱や梁の端の形を接合用の形状に削る）によって組まれ、更にその組まれた部分には、樫の木で作られた「コミセン（込み栓）」が打ち込まれる。組み込まれた木材の接合部分が、簡単には抜けない工法である。

職人の格組工法で細工し、樫のコミセンを打ち込まれた技術細工は、以前、テレビでも紹介されていたが、外国人も驚くほどの強度を誇るのである。しかも、接合金物や、鉄板で補強されていた場合、長期間の経年劣化で、錆が出て木材を腐らせてしまうが、木材同士の結合の場合、そのような心配もない。

そして、この格組工法の技術の良し悪しこそが、大工職人の腕の良し悪しになるのである。

腕の良い職人の場合、この格組工法による木材の接合を、建築現場で行なう。

それは、建物本体の基礎部分に限ったことではない。

敷居を取り付ける際も小束（吊り束）に組工法で取り付ける為、梁・小束・敷居が一体となる。この作業によって、垂直に立てられた柱と、水平に置かれた敷居は、ずれることが無い。従って、何年経過しようとも、戸の開閉に支障を来たすことが無いのである。

また、この格組工法の接合作業の良し悪しが、接合部分の強度のバラつきにも繋がるのである。

しかし現在では、強度のバラつきを防ぎ、職人の腕の良し悪しの差を無くす為、格組工法の接合部分を工場加工（プレカット）しているとも聞く。

木の経年調査で、木は伐採後、一〇〇年～二〇〇年程度では、強度がほとんど衰えないことが明らかになっている。逆に檜などは、伐採後二〇〇年の間に強度が増しているとの結果も出ている。

集成材の初期強度が無垢材より強いとも言われているが、集成材はあくまでも、接着剤で張り合わせた人工材である。接着剤が進化した現在でも、無垢材よりも強いのは張り合わせた直後のみであって、作った瞬間から接着剤の劣化は始まっているのである。

これらのことから鑑みても、床下の湿度調整の必要性から見ても、床材には、必ず無垢材を使用するべきだと言えるのである。

但し、使用する無垢材は、中心部まで十分に乾燥させたものを使用しなければならない。

自然木である無垢材は、伐採後も水分を吸収して伸びたり、放湿して縮んだりを繰り返す。

この性質が、建築後の住宅の温湿度調整に役立つのであるが、乾燥が十分でないと、柱に使用されている無垢材は割れたりもする。小生宅の無垢材には、工務店が保有していた多くの材木の中から、十分に乾燥したものを選別した上で使用されているが、特にケヤキ材は乾燥したものでなければ築後大きく狂いが生じる。

職人気質の大工職人であれば、柱や梁の必要な太さ、無垢材の乾燥具合まで、全てを知り尽くしている。それればかりか、出入りの製材所等から施主の希望以上の木材を調達したりもしてくれる。

以前、小生が自宅を建築する際、「小さな家なのに、床柱が太すぎるのではないか?」と、疑問を呈したこともあった。しかし、それは杞憂であった、とすぐに実感することになった。新築されたばかりの我が家で暮らし始めた頃、柱が太いおかげで、各部屋の戸を開け閉めしても、家中にはほとんど振動がないのである。即ちそれは、複雑な格組工法の職人仕事のお蔭であり、良質で頑強な無垢材を使用したことによるものなのである。

全てのプレハブ住宅が粗悪であるとは思えないが、ここまで手を掛けた格組建築の住宅であるからこそ、何十年もの長期間、改修の必要が無いのである。建築期間が短い（=仮住まいの家賃が安く済む）、目の前の支払額だけを見ると安く感じる、等を選択理由にしてはならないのである。

日本建築が高い、との誤解。地震・台風に弱い、との誤解。これらの理由以外にも、外観的に趣味に合わない、間取りが気に入らない、畳の部屋が嫌い、引き戸が嫌い、庇が深くて陰気、等々の敬遠される理由が考えられる。

外観的な趣味に関しては、異論を挟む余地はない。しかし、間取りに関しては自由である。既成の資材を組み合わせて作るプレハブ住宅よりも、遥かに自由に設計出来るのである。後々、間取りの変更を伴うリフォームを行なう際も、比較的行ない易い構造になっている為、将来、どのような変更の可能性があるかを考えて初期設計を行なっておけば、より長く住めるようにもなるのである。

畳が嫌いなら洋間にすれば良い。引き戸や襖が気に入らないなら扉にすれば良い。自由である。

しかし、庇が深いのは、まさに先人の知恵である。夏の強烈な日差しを遮り、冬の暖かな日差しを深く取り込んでくれる。少々の雨なら、室内に振り込む雨を防いでくれる。建売住宅の庇が浅いのは、見た目の格好良さからではなく、躯体となる木材がそれだけ細いという事である。惑わされてはならない。

日本建築だからと言って、全てを否定するのではなく、先人の知恵を拝借するくらいの気持ちで検討すれば良いのではないだろうか。

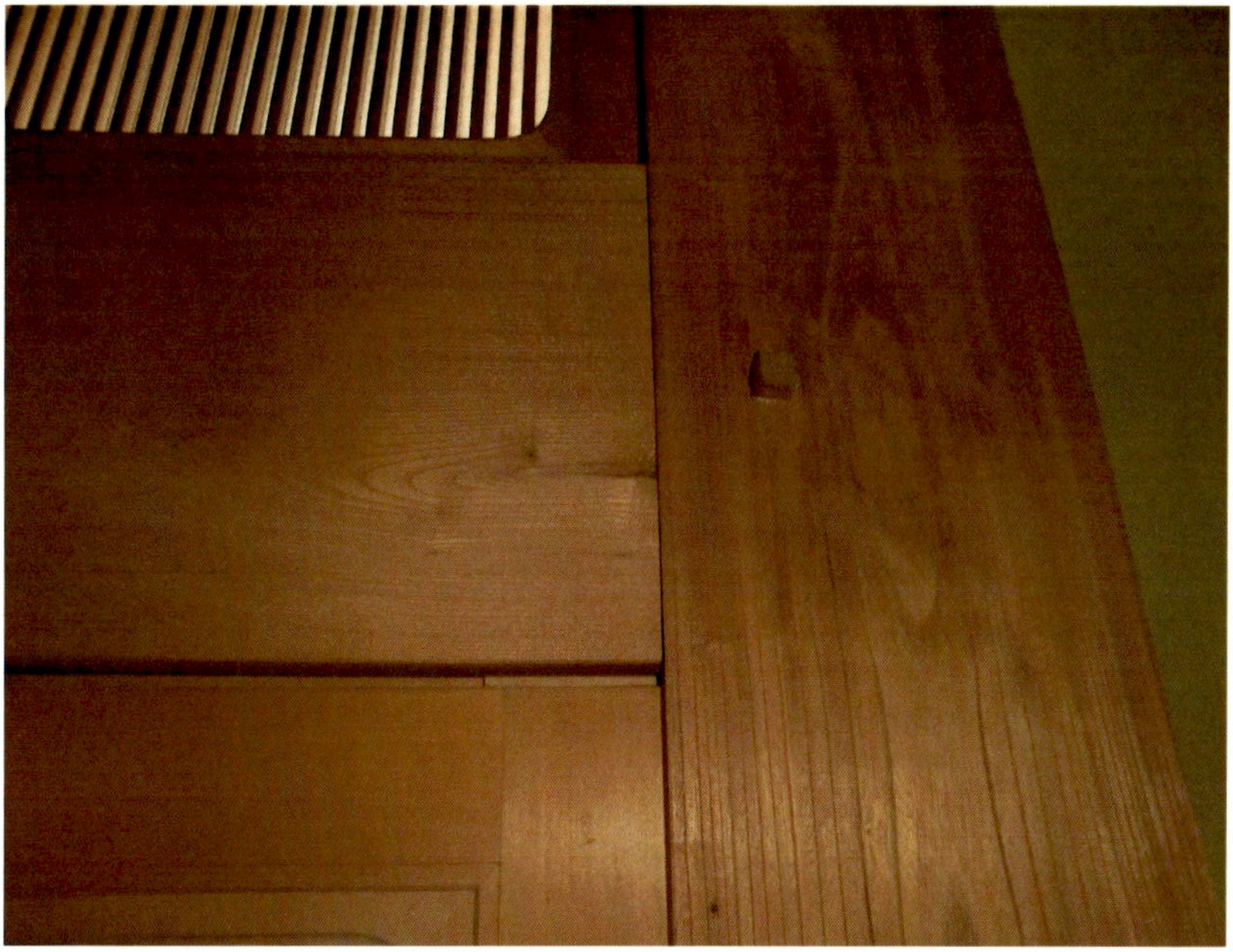

柱と敷居を格組によって取り付け、更に、樫の「コミセン」が打ち込まれた玄関の柱

日本建築の長所短所を取捨選択する過程の中で、先人の知恵の凄さを改めて思い知らされるのである。

玄関の格天井。耕地整理で出た根っこを製材してスズクリを掛けた板。
棟梁の手作業である。

6　竹で組んだ荒壁塗りこみは強い

住宅を建築する際、壁がどのような工法で作られているか、も重要な点である。間取りやクロスの色目に視線を奪われている場合ではない。集成材であるベニヤ板にクロス貼りがされている場合などは、入居後、化学的な体調異変で新たなアレルギーを発症し、家族が苦しまなければならない事態が生じることもある。

日本建築本来の土壁とは、防火性・蓄熱性・遮音性・調湿性に優れた、わが国の気候風土が最も考慮された、最適なものである。しかし、忙しい現代社会に於いては、「不要な手間」として敬遠されるほどの手間と時間を要する。

土壁工程は、先ず、躯体の柱に穴を開け、穴を開けた柱と柱の間に貫板を通し（通し貫）、柱と貫板の間にはコミセンを打ち込む。次に、取り付けた貫に小舞（木舞）という土壁の下地を組んでいく。

この小舞とは、竹と藁縄で組まれる土壁の下地のことで、竹先を貫と貫の間に横に平行になるように左右の柱に打ち込み、貫板と横の竹に今度は縦に竹を藁縄で編み込んでいく、という方法で作られ、小舞掻き（こまいかき）と言われている。

こうして編み込まれた壁下地の一面（表面）に、まず、藁を練り込んだ土を塗って乾燥させる。もう一面（裏面）にもまた、藁を練り込んだ土を塗って乾燥するのを待つ。その後、できれば暖簾打ち（柱と壁の間に生じる、壁の収縮による隙間を防ぐため、網状の布「のれん」を柱に貼り、壁に塗りこむ作業。ちり伏せともいう）を行なう。この荒壁と言われる、藁を練り込んだ土壁が、完全に乾燥してひびが入ってから、中塗り・上塗りをして仕上げられる。

この、できれば暖簾打ち、という工程であるが、土壁を作ったとしても、このひと手間の暖簾打ちを嫌う左官職人が居ることも事実なのである。小生宅の土壁工程でも最初の職人は、「最近は相当良い家でも暖簾打ちなどはしない」というので、別の職人に依頼し直したという経緯がある。

この様な本来の工程で作成された土壁は、通し貫と柱が一体となり、構造壁として、建物のカスガイ役を果たす。つまり、地震等の揺れの際には、これらが一緒に揺れる柔構造となる為、粘り強い靭性に富む構造とさえされているのである。

しかも土壁の最大の利点は、何といってもその調湿性である。土は呼吸をしており、湿度が高ければ湿気を吸い、逆に湿度が低ければ水分を放出してくれる。

無垢材と土という自然の素材を使用すれば、それぞれの素材の調湿機能で、室内の空気を快適に保ってくれるということなのである。

また、土は燃えない、という性質である。ある程度の厚み（二㎝以上の厚み）があれば、不燃材としても認められている。

では何故、前項でも触れたような、木造住宅の弱点として、耐力壁のバランスの悪さが指摘されていたのであろうか。

これは紛れも無く、「不要な手間」として敬遠された、土壁を排除した結果ではないかと思われる。建築を急ぐ建築業者や消費者は、「不要な手間」の土壁を排除し、現在では最も馴染みが深いとされる「筋交い」が入っているから「耐力壁である」と納得した。しかし、どこにでも手抜き業者は存在しているもので、その筋交いすら入っていない建物も存在したという。入っていても、そのバランスが悪く、地震の時などは、返って建物を危険に晒すという結果を招き、実際、多くの建物が倒壊した。

また、土壁を排除したことにより、防火性・蓄熱性・遮音性・調湿性、という優れた性能までをも排除することになってしまったのである。

それを補う資材として、断熱材が使用されるようになったが、隙間なく断熱材を入れる為には筋交いが邪魔になる。仕方なく筋交いを外すと、耐力壁にならない、として、今度は構造用合板などを耐力壁として使用するようになった、ということのようである。

この断熱材の上に、集成材をタッカー（木用のホッチキス）で止め、クロスを貼っていく。地震が起こらなくても、ドアの開閉等、長年の振動により、ホッチキスは緩む。

ここまでして保った、高気密・高断熱化の住宅に使用されている、新建材と呼ばれる化学物質を含有した各資材は、シックハウス症候群の一因とも言われている。

一方、土壁に使用する材料は、主に、土・竹・藁、である。役目を終えれば、全てが自然に還るという、還元力を持っている。自然環境に優しい材料なのである。化学製品等の使用は一切無い。

その為にも、昔から、その地域で入手しやすい材料が使用されてきた。古くは、飛鳥時代まで遡る土壁である。結果、地域毎の気候風土に合った土壁が作られ、日本の原風景にもなっていたのである。

無理やり、高気密・高断熱性を求めなくとも、無垢材や土壁の自然素材を使用した住宅であれば、住宅そのものが、調節してくれる。この調節機能によって、無駄な冷暖房を使用する必要がないため、省エネにも役立つ上に体調にも良いのである。

最近では、小舞掻きや暖簾打ちといった、真壁（土壁）工事の出来る職人が激減している。高くて時間が掛かるから真壁工事をやめる、需要が無いから職人が減る、職人が少ないから工事費が高額になる、といった悪循環のようである。

繰り返すが小生の住宅は、プレハブ住宅が坪単価七〇万円の時代に、五六万円で完成したのである。冷暖房に掛かるはずの費用を節約できている面だけを見ても、資金をどの工事内容に投入するべきか、或いは、使用するべき資材は何か、を慎重に吟味すべきである。

その結果、高額とされている土壁をも使用した我が家は、支払った総建築費用以上の内容であると自負できるものなのである。

7　屋根材で住宅の耐用年数が大きく変わる

屋根は、長期間、風雨に晒されるため、耐久性が求められる。住宅を長期間使用する為には、屋根も同様に、長期間、耐えられるものでなければならない。使用される材料や屋根の種類によって、耐久性、メンテナンスの程度も異なるが、建物の耐久性とは一体でなければならないものなのである。

わが国の国内に於いて、北海道・東北地方の豪雪寒冷地、中部地方・西日本、及び九州・沖縄地方の台風銀座等、各地域により、建物の構造材や屋根は異なっている。昔の人からの知恵が受け継がれ、それぞれ各地域の気候風土状況に応じた建築が行なわれてきたためである。

しかし現在では、気候風土などお構いなしに、業者の利潤からのみ理論付けされた、単に材料費節減の為だけの材料選択が行なわれているように思えるのである。

平成の初め頃は、先ず、第一に安くて手軽なカラーベストのようなスレートが多く使用された。しかし、屋根材によっては、耐久性が極端に短い物であった。

その後、阪神大震災を経験してからは、日本瓦の重量が重すぎるから住宅には適さないかの如く、一方的な地震対策として、屋根材の軽量化が重要視されるようになった。

左の写真は、小生宅の日本瓦の屋根である。かなりの重量が推測されるが、阪神大震災時も、一切の修理は行なっておらず、震災から二〇年（築後二八年）経過した現在も、未だ、修理の必要性はない。

イ　屋根の形の種類

屋根の形は種類も多く、選択する屋根の種類は、建物内の寒暖にも大きな影響を及ぼす。また、形によっては構造も複雑になる為、建築費は大きく異なるものである。

①　片流れ（かたながれ）
屋根の勾配を、片方向にだけ傾斜した形状。

今風な感覚で、小さな敷地にも適応するとして、多く建てられており、建築費は安価である。

尚、コストを抑える為に、片流れの屋根は庇が浅い場合が多く、雨漏りの配慮を要する。

②　切妻造（きりつまつくり）
屋根の勾配を、大棟から二方向へ下す形状。

非常に多くの住宅に見られる屋根である。構造が単純で雨漏りも少ない。

片流れの屋根に次ぐ、安価な建築費で建築可能である。

③　寄棟造（よせむねつくり）

屋根の最上部から四方向へ屋根面が下がっている形状。

最近は、多く見受けられるが、大棟と下り棟の取り合わせ部分で、雨漏りの発生が多い様である。

④　入母屋造（いりもやつくり）

切妻と寄棟が混在したような形状。

最も格式が高い形式とされ、純日本建築の主流を占めるが、建築費は高額である。

その複雑な構造から、よほど腕の良い職人でないと、雨漏りの可能性が高まるとも言われている。

⑤　陸屋根（りくやね）

屋上が水平な屋根。

一見、風の影響を受けず、雨漏りの心配も無さそうに見えるが、屋根に傾斜が無いことから、常に雨漏りの危険度が増すというデメリットがある。その為、常に防水の維持管理が必要である。

最近は敷地面積の狭さから、屋上を、物干し場として使用されることもあり、多用されているが、多額の費用をかけて防水塗装をしても、漏水箇所が解らず苦労したのが八六頁№六の建物である。

ロ　屋根葺き材（素材）の種類

屋根瓦の種類も多く、複雑である。それ故に尚更、デザインに惑わされず、流行に左右されない瓦を選ばなければならない。

①　スレート

カラーベストが有名なスレートは、施工が最も簡単であり、最も安価である。

化粧スレートと天然スレートがあるとされているが、天然スレートは、自然界の粘板岩をそのまま薄く板状に加工したものである為、産出量が少なく、加工技術も高度なレベルを要する。化粧スレートは、軽量の為、耐震性は高い。新築の建売住宅等では最も普及している。

セメント等を主原料とする化粧スレートは、数年前までアスベスト（石綿）を含有するものが多かったが、近年では、無石綿化が進んできている。

トタンよりも安価とされているスレートは、建築業者にとっても利用し易く、屋根材料として、一番多く使用されている時もあった。

しかし、強風や地震の際には、割れやすいという弱点を持つ。

また、六～七年程度で塗装のメンテナンスが必要になる場合もあるなど、頻繁にチェックしなければならない。

耐久性は一五～三〇年程度とされている。

② トタン

トタンは安価で、スレートが開発される以前、一時は多く使用されていたこともあった。

耐久性に乏しく、使用可能期間は短期間である。錆び易く頻繁なメンテナンスを要する。

断熱効果、防音効果、調湿効果等、全て期待できず、湿度の高いわが国には一番不向きである。

③ セメント瓦

外見は日本瓦と似ているが、強度は弱く、割れ易い。二〇年程度で塗装の必要がある。

セメントを主原料とし、製法により、セメント瓦、コンクリート瓦等に分けられる。

その性質から、水分吸収率が高く劣化が早い。重量もある為、地震対策を講じる必要がある。

④　金属瓦

ステンレスやガルバリウム鋼板、銅、といった素材がある。いずれも軽量で加工の自由度が高い。

以前は、亜鉛メッキ鋼板のトタンが主流であったが、トタンに比べて防錆性が高いことから、現在ではガルバリウム鋼板が主流となってきている。

アルミと亜鉛とシリコンで鉄板を両面から加工した、ガルバリウム鋼板は、耐蝕性に優れ、耐熱性も高い。トタンと同様に薄く、加工が容易とされている。

スレートや日本瓦に似たもので、見た目は近代的であるとして、最近は多用される傾向にある。

デメリットとして、金属特有の雨音などの防音対策や、室内温度の上昇に対する断熱対策が必要となる為、対策費用が高額となる。

⑤日本瓦

耐久性があるが、高価である。

「瓦」という字は中国の象形文字で、「粘土を固めて焼いた土器」の総称とされる。

粘土瓦としては、燻（いぶし）瓦・釉薬（ゆうやく）瓦・無釉薬瓦の三つに大きく分類され、三大産地として、三州瓦（愛知県）・淡路瓦（兵庫県）・石州瓦（島根県）が知られている。

最も高価とされるいぶし瓦（「地瓦」）は、表面に炭素を主成分とする被膜を作る。この為、昔ながらのいぶし瓦は、僅かながらもマイナスイオンを発生するとも言われている。また、一〇〇％天然素材で水質浄化にも一役買っている、との説もある。

半永久的な耐久性を誇る燻瓦は、躯体が頑強に造られる寺院や城郭等、格式の高い建物に多く使用されてきた。瓦自体の耐久性はおよそ一〇〇〇年とも言われている。しかし、あまりにも高額となる為、最近では使われることが少なくなっている。

釉薬の違いや加減、焼成時間・温度等によって多彩な色を出す、釉薬瓦（「色瓦」）は、表面がガラス質となっており、最も高価な燻瓦よりは安価となる為、多く使用されているが、瓦そのもののメンテナンスが必要になることもあるとされている。

いずれの瓦も日本瓦は粘土瓦と言う性質から、外的な衝撃を受ければ割れる。

瓦自体の耐久年数は長いものの、瓦の接合部分には漆喰が塗られている為、定期的な点検を行ない、脱落箇所があればその部分のメンテナンスを行なう必要がある。

建築時、構造材に細い材料を使用している等の場合は、瓦の重量に耐えられず、耐震性も望めない。

しかし、古くから現存する寺院等からも伺えるように、基礎や建物構造の躯体が頑強であれば、瓦葺き屋根の方が耐震性の高い建物になるとされている。

ハ　屋根の耐久性の比較問題

トタン（安価・要塗装）一〇～二〇年
スレート瓦（安価・要塗装）一五～三〇年
セメント瓦（高額・割れ易い）二〇～四〇年
金属瓦（高額・加工自由度が高い）四〇～五〇年
色瓦（高額）五〇～八〇年
いぶし瓦（最高級）五〇～半永久的

最近の屋根材は、種類も多く区分も一律とは言えず、色々な呼称もあり右が全てではないが、一応の目安として文献等から掲げた。

小生の父が生前に立てた、農作業の道具を収納するための小屋は、トタン屋根である。三〇年以上も経てば、やはり、錆びから少々の雨漏りもするが、収納小屋であることを考えれば、十分に役目を果たしている。しかも、道具は、暑い寒いと文句も言わない。直接の雨風を凌げれば良いのである。

しかし、人の住む家ではそんな訳にはいかない。現在の住宅は築後、二〇年程度で大修理が必要になるとされている。その場合の大きな原因の一つが雨漏りなのである。道具の収納小屋とは異なり、人の住む家である限り、雨漏りすれば修理しなければならない。

小生が以前に購入した貸家用の木造二階建て住宅の二軒は、スレート屋根仕様の建売住宅であった。購入から二七年目を迎えるまでの間に、スレート屋根の塗装工事をそれぞれ二度行なっている。屋根の塗装を行なうには、足場を組む必要がある為、塗装費用が多額になる。スレート屋根が雨漏りし易いことを、購入当初から知っていれば、この様な多額な出費が必要となるものは購入しなかった、と、屋根材に対する自分の知識の無さを反省している。

この足場費用は、屋根・壁面の塗装には欠かせない費用であるが、一件当たり、三五万円～五〇万円を必要とするものなのである。もし、「足場代無料」を謳う業者であれば、その分の費用は、塗装費用に上乗せされているか、又は、手抜き工事か、と疑う方が良いかも知れない。

以前、友人の息子が、「足場代無料」を謳う地元の建築業者に屋根の塗装を依頼した。初めて依頼する業者であったが、契約書に三度塗りの日程まで記入されていたこともあり、その息子は発注した。

塗装工事予定一日目、降雨の中、友人が現場を訪れたが、雨のために作業は行なわれていなかった。翌二日目もやはり、降雨で人影は無かった。三日目になってようやく作業が行なわれていた為、「やっと一日目が始まった」と安堵したが、その日で工事は完了していた。しかも、その日を完了日として、業者は息子から既に工事代金を受け取っていたのである。

その後、息子は親から経緯を聞き、問題提起しようとしたが、提起する方法も判らず、結果的には、手抜き工事で詐欺に遭ったような状態で終わったようである。

屋根材の種類によっては、耐久性もメンテナンスの頻度も大きく異なる。後から柔軟に取替えが可能なのもやはり屋根材である。但し、屋根材の種類を自由に変更可能にする前提条件が、しっかりした地盤・強固な基礎・柔構造且つ強固な構造体で無ければならない。

度重なる雨漏りの補修に嫌気がさし、後から屋根材を強度なものに葺き替えようとしても、軽量な屋根を支える為だけの、か細い柱等の構造では、それも叶わない。結局は、塗装費用の上塗りである。

三五年もの住宅ローンを組んで新築した家。それにも拘わらず、早ければ、二〇年以上もの返済期間を残しながら、更に、百万円単位での塗装費用の捻出に迫られるのである。

補修ではなく、建て替えを選択しようにも、やはり、残額の返済からは免れない。そればかりか、解体費用と、それに伴う廃棄費用にも莫大な金額を要求される。

二〇年程度で補修が必要になるような住宅に使用されている資材は、殆どが人工的な資材である。自然に還ることのない資材は、解体は簡単であるが、廃材処分費用は莫大な金額になるのである。

屋根材の軽量化が図られたのは、阪神大震災を契機としたことには間違いないが、それは単に、節約した細い構造材の上に、重量のある瓦を屋根材としていた為である。

本来であれば、重量のある瓦の屋根を支えるだけの構造建物でなければならなかった筈である。即ち、しっかりとした基礎工事、その上に、柱・梁・桁に頑強な資材を使用し、格組で組まれた合わせ部分には樫のコミセンを打ち、尚且つ、土壁などの耐力壁を組み合わせて構造体を作る。そうすれば、重厚感と重量を持つ屋根材を使用することが可能なのである。

先にも記したように、粘土瓦の三大産地として、三州瓦（愛知県、三河地方）・淡路瓦（兵庫県、淡路島）・石州瓦（島根県、石見地方）が知られている。

日本には、その三大産地に留まらず、北は秋田・岩手から南は沖縄まで、現在でも、全国各地のいたるところで、日本瓦の製造は行なわれている。

各地域の気候風土状況に応じた建築は、構造体のみならず、先人の教えとして、瓦にも引き継がれてきたのである。塩害に強い瓦、風雨に強い瓦、凍害に強い瓦、又は凍てない瓦等、様々な自然災害を乗り越えてきた先人の知恵と、現代人の創意工夫が施された日本瓦は、現在、凄まじい流通販路の発達に伴って、日本各地に出荷されている。

日本瓦が住宅に適さないのではない。日本瓦を支えるだけの構造的強度を持たない、か細い柱・梁等による構造体の屋根材に日本瓦を選択する、その組み合わせが間違っているのである。

構造材と共に屋根材を論じれば、耐久性の均衡が図られる。均衡が取れて初めて、長期間の耐用年数を誇る住宅になるのである。建築時にその均衡を取ることが出来るか否かが、人生が天国になるか、地獄になるか、の岐路になる。

第四章　住宅ローン

1　返済計画は余裕を持って

現在は、金融緩和で必要資金の一〇〇％融資を受けることも可能である。しかし、いくら必要資金を全て借りることが出来ても、その借入金を返済するのは借主であって、他人は誰も手伝ってくれない。しからば、借入金を自己の収入に照らし合わせ、返済が本当に可能であるか否かを十分に吟味しなければならない。

恐らく多くの人は、五年間等の返済減額を選んでいると思われるが、返済に猶予のある少額時期の返済金額のみで判断をしてはいないだろうか？その場合も、減額期間の五年間が済めば借金が完済する訳ではなく、減額返済期間経過後の返済額を自己の収入と照らし合わせて計画されなければならない。

期間三五年間で、三〇〇〇万円を借り入れた場合、一％の利率で、月額八万四六八五円の返済額、二％の利率で、約一〇万円、三％の利率では一一万五五〇〇円となり、年間の返済額としては、一三八万六〇〇〇円である。

金融機関によっては、変動金利〇・六八％等、一％にも満たない融資も受けられる。同じように三五年間で三〇〇〇万円を借り入れたとして、当初は八万二八五円と少ないが、金利が二%ともなれば、返済額は毎月二万円の増額になるとして計画しなければならないのである。

金融機関が計算に使用する貴方の年収は、総額欄のみである。

しかし貴方は、「収入総額＝手取り額」、ではないことをご存知の筈である。この手取り額を明確にし、更にそこから、生活等に要する金額を控除した上で、返済額を考慮しなければならない。

つまり、「手取り額－返済額＝生活費」ではなく、「手取り額－借入時の生活費＝返済額」として計算されているか否かを認識すべきである。

事業計画に於いても、昔であれば、「売上－経費＝利益」であったが、相手任せの経営で成り立つ時代ではなくなり、「売上－利益＝経費」の時代であると言われている。

家計費に於いては、その時の状況に応じて判断し、返済するつもりであっても、長い年月には、子どもの成長と共に家計収支も大きく変化するものである。三五歳で住宅を購入したとして、ローンの完済時には七〇歳になっており、その間の冠婚葬祭を考えると、家計費としての出費が増えることはあっても、減ることは考えられない。

また、住宅を取得する際、借入手数料・火災保険料・生命保険料・登記費用等は、取得と同時に支払わなくてはならない「必要経費」である為、返済額とは別に差し迫って支払いに追われる。後日に請求される不動産取得税は新築等で免除されるとしても、失念されやすいのが、「固定資産税」である。借り入れ当初は、全く計算されていないといっても過言ではなく、毎年一月一日現在の不動産（土地・建物）の所有者に対して、課税される税金である。

固定資産税の課税標準額は、通常、取得価額の七〇％の額が評価額とされている。購入時の契約額ではないが、住宅の取得価額を三〇〇〇万円とすれば、評価額は二一〇〇万円ということである。この評価額に対する固定資産税の標準税率一・四％の課税額は、二九万四〇〇〇円（年々減価する）になり、更に、建てた地域が市街化区域であれば、別途六万三〇〇〇円もの都市計画税が課税される。返済額・初期費用とも別に、合計、三五万七〇〇〇円もの金額が毎年課税されるということであり、この金額を計算に入れて置かなければ、納税通知書で初めて知って、その額に驚かなくてはならない。

この都市計画税とは、課税対象地域の、「都市計画区域」内の「市街化区域」と呼ばれる場所に不動産を所有する場合に課せられる税金である。市街化区域は、既に市街化している地域、今後、優先的・計画的に市街化を進めていく地域も含まれ、都道府県によって異なるが、最大〇・三％の税率が課せられる為、固定資産税と都市計画税の合計税率が一・四％ではなく、一・七％になるのである。

M工務店により昭和57年建築された総額1995万円（216.60㎡）の住宅
大工さんの計算57坪×35万円であり、㎡単価は9万2100円となる。

しかし、市街化区域であるか否かは別としても、必ず固定資産税は毎年、課税される為、表面の返済額だけではなく、返済計画に組み込まなければならない金額なのである。

通常は、取得価額の七〇％が評価額とされているが、七〇％に満たない場合も多々見受けられる。

又、逆に取得価額と同等価額で評価される場合もある。固定資産税の評価額は、建築に要した金額を参考にはするが、行政側の評価方法を以って算出する為、大部分の人の建物評価額は、実際に支払った額の半分程度以下ではないかと思われる。

取得価額と固定資産税評価が同額の評価を受けた住宅が上の写真である。

昭和五七年に純日本建築の住宅を一九九五万円（二一六㎡）で建築したところ、市役所の評価額も同等の二〇〇〇万円であった。

この純日本建築は、M工務店の大工棟梁が開業当時、施主の母親に世話になったとして、利益度外視で建築してくれた住宅ではあるが、格組工法の純日本建築である。

築後三〇年以上が経過した現在も、修理の必要は全く発生していないばかりか、玄関のケヤキの上りカバチや柱等も、自然樹脂の光沢により、光り輝いているのである。

当時の棟梁の計算によると、五七坪×三五万円ということであったから、㎡単価は九万二一〇〇円となる。

逆に、取得価額の七〇%以下の評価額の例である。前頁の例と同じ市役所内で、昭和六〇年に一六〇㎡を三五〇〇万円で建築した寡婦と子どもが居た。その近代的(?)な住宅の評価額は、なんと、九八〇万円であった。小生もあまりの安さに驚き、施主に確認したが、原因不明であった。

近代的な建物は近代的な工務店によるところであるが、九八〇万円の評価額から、〇・七で逆算すれば、市役所の評価基準になった査定額は、一四〇〇万円ということになる。

確かに、建築業者によっては、本体率と経費率が大きく異なる。経費率の高いとされている近代的な工務店の経費率を五〇％として計算しても、一四〇〇×二＝二八〇〇万円にしかならない。支払った三五〇〇万円との差額、七〇〇万円は、無知な施主から、明らかに暴利を貪った賜物であると推察されるのであるが、この事実をどのように解釈されるであろうか？

固定資産税のみを考えると、市役所の評価額は低い方が良いという事になるが、自分が思っている以上に低い評価を受けて、喜んでいて良いものなのだろうか？

その場合は、不要な額まで借入れを行なってしまったことを悔やむべきである。否、新築時に、このような余分な建築経費を抑えて、ローン借入金の減少を目指すことが重要だったのではないだろうか。

2　ボーナス返済は選択するな

住宅ローンの借入れは長期間である。その返済中には必ず、冠婚葬祭が生じて、思わぬ支出を必要とするものである。また、今日の不況時代には、必ずボーナスが支給されるとも限らない。いくら労働者側が期待しても、支給されない場合は対処のしようが無い。幸いにもボーナスが支給され続けている場合であっても、不慮の出費に備えて、住宅ローンの返済には絶対にボーナスを充てにしないことである。

ボーナス支給が見込めない人まで、ボーナス返済を選択する場合もあると聞くが、言語道断である。恐らく、ボーナス返済を選択した場合の方が、月々の返済額が少なくなると思うがための選択であろうが、ボーナス返済を選択するかしないかに関係なく、年間の返済合計額は殆ど変わらない。ボーナス返済を選択するのであれば、毎月の返済額より少なくなっている差額分を、ボーナス月返済用として貯金に回して蓄えておかなければならないという事になるだけで、全く変わらないのである。

例えば、三五年の期間、金利三％で三〇〇〇万円を借り入れたとする。ボーナス返済を選択せずに、全額、毎月返済するとすれば、月々が一一万五四五五円で、年間一三八万五四六〇円。

これを、借入金額の内、二〇〇〇万円を毎月の返済分とし、残りをボーナス返済とすれば、毎月は、七万六九七〇円の返済額となり、月々の返済は軽くはなるが、ボーナス月には、三〇万八六九三円、年間では一三八万七〇八六円となる為、一六二六円の返済が増えるのである。

つまり、ボーナス返済を選択する方が僅かではあるが返済額が多くなる為、月々の返済をしていく方が賢明という事である。（数千円程度の金融電卓を購入すれば、ある程度の返済額は計算できる）

元々ボーナス支給の無い人が、ボーナス返済を選択して、いざ、返済を始めて見ると、最初の内は、想定内の返済額で金額も少ない為、気分的にも余裕を感じられるだろう。しかし、目の前にボーナス返済月がやってくると、ボーナス支給がないという現実に気付き、返済額の大きさに愕然とする。

しかも、そのような人に限って、毎月のボーナス月用の積み立ては行なっていない。それでも頑張って、何度かのボーナス月を凌いでも、年数が経つにつれて、このボディブローが効いてくる。同時に一五年程度経過した頃には、建物の大改修が必要となるなど、二重の支出に迫られるのである。

このように言えば「その様な余裕を持った計画は出来ない」とお叱りを受けるかも知れないが、その様な余裕の無い資金計画であれば、マイホーム計画を諦めるか、その様な無謀な計画を練り直して、再考することをお勧めする。

どうしてもボーナス返済を組み入れなければならない資金計画であれば、その住宅で予定している建築内容を吟味して、**建築の経費率が二〇%程度に収まっている業者かどうかを検討する必要がある**。不要な経費分の支払の為に、借入金が増えているとすれば、経費率の削減を計り、ボーナス返済を避ける方法を模索すべきなのである。

人は欲目から「収入は多く見積もり、支出予定は大きく洩れる」ものである。家計の破綻は、家庭の崩壊、子どもの将来にも大きく影響を及ぼすことを考え、慎重でなければならない。

念願の住宅を得たとしても、その建物の程度には差があり、築後一五~二〇年程度で多額の改修費、三〇年以内には約一〇〇〇万円もの巨額改修費の恐れのある住宅では話にならないのである。この様な住宅にも拘わらず、ボーナス返済を予定していたが為に、家計にもゆとりがなくなるというのでは、直ちに破綻ともなりかねない。

現時点では、ボーナスが必ず支給されているという人でも、固定返済の計算にボーナスを予定するものではない。その分を、子どもの将来の為の貯蓄、自身の老後の為の貯蓄、又は、臨時的な支出に回すべきである。それでもボーナス分が余剰となったときは、一括返済すれば良いのである。

　また、自身の支出計画とは関係のないところで発生するのが、冠婚葬祭という付き合いである。子どもの進学等に関しては、歳と共に何とか計算できるが、その他にも、親戚・友人・知人・ご近所さん、といった広範囲に及び冠婚葬祭はやって来るのである。ボーナスはその様な不意にやって来る臨時支出に備えるべきである。

3 固定金利の利用

政府は、財政支出削減を計画することなく、二〇二〇年に基礎的財政収支を黒字化とする旨を発表した。そのような手品の如き手法は考えられないのであるが、内務省は九兆四〇〇〇億円の不足を指摘して、経済の成長を謳っている。

では経済の成長とは何か?

即ち、物価上昇であり、物価上昇がもたらす税収の増加が無ければならない。税収を増加させる為には国民の収入も増加させて、購買力を高める必要がある。購買力が低下すれば、物価も上昇することが出来ない。従って、政府は物価上昇に全力投球するものと思われる。

現在わが国は、莫大な国債を発行しているが、国家財政の健全化には到底及ばない。そんな中で行なわれた消費税増税では、景気の回復は見込めないものの、物価上昇を疑う余地は無いのである。

平成二七年二月一一日、国債の売れ行き低下により金利が上昇する、と新聞は報じた。今は日銀の国債買い入れで凌いでいるが、日銀の買取りはいつまで可能なのであろうか? 「外国人投資家がわが国の国債購入」とのちょうちん記事を報じる新聞等もあるが、外国の投資家は本当に日本の財政健全化など信じているのだろうか、と疑問に思うのは小生の杞憂であろうか？

日本国民の総貯蓄高、一五〇〇兆円、国債発行可能額は、貯蓄高の七〇％に当たる一〇五〇兆円と言われて久しい。しかし、平成二六年末の国債発行額は、一〇三〇兆円、二七年三月末には、既に一〇五〇兆円を超えたと報道された。

このような状況下であるから、金利は上昇しても、低下することはないものと思われるのである。

現在の物価上昇の原因は、経済の発展によるものではない。加えて、外国から見たわが国の国債評価からも、現在の為替相場が維持されるとは思えず、益々、円の下落が懸念される為、日本円の価値を過大評価することは出来ないのである。

早くから、日本経済の破綻が危惧されているが、破綻を国家壊滅と誤解して、国家が無くなるようなことはない、という人がある。当たり前である。破綻は、滅亡ではなく、破産である。日本銀行券の信用価値低下・貨幣価値低落である。その国家破綻となれば、過去のロシアやギリシャのように、ハイパーインフレになる可能性があるのである。

現在は、ゼロ金利と言われるように、少々の貯金をしても、全く無い、と言っても良い程度の利息しか付かない。政府が目指す五年先の基本的財政健全化政策からは、およそ健全化が可能であるとする説は伺えないが、仮に可能であるとして、健全な物価上昇となれば、資金需要が増して金利上昇をもたらすのではないだろうか？

住宅ローンを取り扱う銀行は、営利を目的とするものである。融資先によっても異なるが、預金金利（銀行にとっては仕入れ金利）に、一〜二％上乗せして、貸付金利（銀行の売上）となっている。日銀の金融緩和政策により、現状、資金は余っているが、貸付先の破綻もあり、その損失負担からも、これから先、ローン利率が大きく下がるとは思えない。

この現状をみても、今の低金利時代の固定金利を選択するべき時期ではないのだろうか？

現在では、三五年の長期間、全期間固定金利の、二％〜二・一二％で住宅ローンを貸付けている銀行もあり、返済計画の安定性からも、検討するに値すると思われるのである。

もし、経済成長率が、現在の状態で続き、金利上昇の可能性は少なく、変動金利の方が有利と考えるならば、「金利の変動＝返済額の変動」になることを肝に銘じて、その時になって慌てない対応を準備しておくことが必要である。

変動金利の借入れを計画する際、たまたま低金利時代であれば、恐らく差額はさほど感じない。それどころか、目の前の利益だけを見て、低金利のために変動金利を選択しているのかも知れない。しかし、政府は経済成長を目指しており、それは、物価の上昇をも画策しているということである。それに伴って、金利の上昇も連動すると思われるところから、変動金利の借入れの利率も上昇するのである。利率が変動することによって、想定外の返済額になった挙句、即、破綻では困るのである。常に金利の動向に対して注目し、変動金利は高利に変動することを肝に銘じておかなければならない。

今でこそ、低金利時代が長く続いているが、金利が七～八％という時代があった。昭和の終わり頃、二〇〇〇万、三〇〇〇万という金額を長期間の変動金利で借り入れた人は、その恐ろしさを知っている。三〇年近く経ち、金利変動の恐ろしさを知る人が少なくなった現在、実際に変動金利を利用しようとしているのは、既に恐ろしさを知った人では無いはずである。

今、新たに変動金利で住宅ローンを計画しようとしている人は、恐らく高金利とは無縁の世代で、未知の世界ではないのだろうか？

現在の利率だけで、変動金利を選択してはならない。利率が上昇したとき、返済額が増えるが、「何とかなるでしょ」では済まない。よほどの対処法が考慮されていなければ、何ともならないのである。

粗悪な小屋としての住宅が横行している現在、やはり、多くの人が欠陥住宅を掴まされている。購入後、僅か一五年～二〇年程度で大改修費用に苦慮している人が多い。

住宅ローンとは別に、一〇〇〇万円の大台に乗るほどの蓄えのある人なら別である。しかし、大抵の人は、いくら住宅の瑕疵担保責任期間が一〇年になっても、大改修箇所が発覚する頃には、保証期間も終了しており、長期の住宅ローンとは別に、大改修費用の為の新たな借り入れが必要となるのである。このような短期間で大改修が必要な粗悪小屋と、価値ある住宅の差が判然とした時には手遅れである。

本体率五〇％、経費率五〇％の物件であれば、購入時点で住宅の価値は既に半額ということである。築後二〇年で売却しようとしても、購入額の五分の一で売却できれば良い方であり、建物を処分しても借金は半分程度残ってしまうのである。改修費用の借入れもあれば、それこそローン地獄である。

変動金利に一喜一憂するのではなく、固定金利でしっかりとした返済計画を立て、支払金額と相当額の財産的価値のある住宅を求めなければならない。

金利の変動によって、毎月の返済額は一五一頁の表のように変わる。

1,000 万円　借入時の利率の期間別返済月額				
	35 年	30 年	25 年	20 年
1 %	28,228	32,163	37,687	45,989
1.5%	30,618	34,512	39,993	48,254
2 %	33,126	36,961	42,385	50,588
2.5%	35,749	39,512	44,861	52,990
3 %	38,485	42,160	47,421	55,459

上記の表は、借入期間と借入利率別の、毎月の返済額であって、借入額が 2000 万円の場合には２倍の額となり、2500 万の場合は 2.5 倍で計算した額となる。

返済途中で利率が変更になった場合は、そのときの借入残高と残りの返済期間によって、毎月の返済額は上記と若干異なるが、参考にはなるものと思う。

４月現在では、変動金利 0.65%のところがあり、都市銀行にも 20 ～ 35 年の長期固定金利が、２%前後のところもある。

4 借入金の連帯保証

連帯保証人とは、ご存知の通り、ローンの返済が不可能になった時、借主である債務者に代わって、返済する必要がある為、借主と同等かそれ以上の返済能力を持つ信頼できる人でなければならない。かといって、保証能力があって、連帯保証人を承諾してくれる人を見つけることは困難である。

そこで、大抵の金融機関では、指定する保証会社と保証契約を結ぶことで、連帯保証人がいなくても住宅ローンを借りることができる仕組みを提供している。この場合に支払うのが、保証料である。

しかし、連帯保証人を立てようが、保証料を支払おうが、住宅ローンという債務から逃れられるものではない。保証料と言う大金を支払っても、融資を行なった金融機関が焦げ付かないように、保証会社が代位弁済してくれるだけで、借金からは免れないのである。この場合は、債権者が金融機関から、保証会社に変わっただけである。

平成一六年一二月、家計破綻により、信用金庫で借り入れていた住宅ローンの返済が出来なくなったとして、平成一七年九月に競売に掛けられた住宅があった。住宅ローンの債務者は夫、妻は連帯保証人であった。その後、夫婦は離婚し、夫は所在不明となった。妻の方はと言うと、現在、五五歳であるが、全身に酷いリュウマチ障害を患っており、仕事も出来ず、身体障害者年金で細々と最低生活を送っている立場である。

その妻の元に、信用金庫から債権を買い受けた「債権整理会社」から、債券取立て請求が届いているが、返済能力どころか、自己破産に訴える資金も無い状態の妻は、毎日不安に慄いているというのが実情である。

小生の場合、住宅ローンの借入れに際しては、妻の連帯保証を求められたものの、同時に保証料も求められた為、「連帯保証人か、保証料かのいずれか片方のみである」と申し立て、結果、保証料を支払うことで納まった。

保証人を立てながら、その上に尚且つ、保証料を取ること自体不合理であり、借入れしなければならない弱い立場の債務者に、有無を言わせぬ不当な行為である。

しかしながら、家族内に住宅ローンの連帯保証人を立てていたが為に破綻した挙句、離婚して苦しんでいる人が多いのには驚くばかりであり、マイホーム選びの過ちで地獄に堕ちたと言わざるを得ないのである。

5　生命保険と自損事故保険金

住宅ローンは、借入額が高額なため、通常、長期間に亘って返済しなければならない。その長い返済期間中に万が一、と言うことが起こらないとも限らない。

そこで民間金融機関の多くは、生命保険の加入を住宅ローン借入れの条件としている。この保険料は金利に含まれており、別途、保険料支払いは発生しない。但し、健康状態が良好で、生命保険に加入できる状態でないと、住宅ローンの借入れもできないということであり、借入れ当初のみならず、借換えの際も同様となる。

この住宅ローン付随の生命保険は、債務者が死亡・重度後遺障害になった場合の本人に代わって、債務残高全額を生命保険会社が支払う為、借入残高は残らない。

また、夫婦が連帯債務者になっている場合、夫婦のどちらか一方の加入者が死亡または重度後遺障害になった時点で、住宅の持分や返済額等にかかわらず、残債務が全額弁済されるというものもある。

問題は、債務者本人が不慮の病に倒れて、収入の道が閉ざされた時である。
この場合は、住宅ローン付随の生命保険では保証されない為、生命保険と併せて、疾病・傷害保険にも加入しておかなければならない。そうしなければ、家族は安心して生活を送ることが出来ない。

そして、案外知られていないのが、「自損事故保険金」である。

「対人賠償保険（任意）」に加入している自動車に搭乗していて、単独事故を起こした場合、つまり、請求相手のいないこの事故は、「自賠責保険（強制）」の請求対象とはならない事故である。この場合に「対人賠償保険（任意）」に加入している自動車の単独事故で、死亡・後遺障害となった時**「搭乗者傷害保険（任意）」に加入していれば、「搭乗者傷害保険金」**が支払われる。

しかし、**「搭乗者傷害保険金」に加入していない場合、「対人賠償保険（任意）」に加入して居れば自動的にセットされている「自損事故保険金」**が支払われる場合がある。ところが自動車保険に加入している大部分の人が、「自損事故保険金」の存在を知らないのである。

自動車保険の契約時には、保険会社から「搭乗者傷害保険（任意）」の加入を勧められる為、その加入のときは搭乗者傷害保険対象となり「自損事故保険金」の項目すらも無く、説明を受けることも無い。

また「搭乗者傷害保険（任意）」は追加で保険料の徴収が行なわれるが、「自損事故保険金」に対しては、改めて保険料の徴収が行なわれることは一切無い為、認識されることもないのである。

従って、この「自損事故保険金」の請求対象になる事故が発生しても、請求をすることが出来ず、時効となっている場合が多くあると思われる。

以前、小生の顧問先社長が、不幸にも自動車で崖から転落死された。昭和五八年頃の古い話である。社長の搭乗していた車は、「対人賠償保険（任意）」には加入していたが、「搭乗者傷害保険（任意）」には加入していなかった。その車が単独で崖から転落したという、痛ましい死亡事故であった。

つまり、相手のいない単独事故の為、「自賠責保険」の請求対象とはならず、「搭乗者傷害保険（任意）」には加入していなかった為、「搭乗者傷害保険金」の請求も出来なかったのである。

そこで小生は、保険契約の代理店に「自損事故保険金」の請求を依頼したところ、代理店の担当者は「警察がまだ調査中であり、車と同時に落ちたのか、先に落ちたのか不明である。間違いなく保険金が出ることが確定しない限り、保険請求は出来ない。」と、拒んだ。

通常、代理店が「事故原因がはっきりするまでは請求できない」と拒んだ場合、原因がはっきりしたからと言って、連絡をくれるとは限らない。それどころか、そんな言葉を信じて待ち続けている間に、保険金請求権の消滅時効である二年が経過してしまうのである。

保険の代理店は、保険契約の手数料を受け取ることによって成り立っている。一概には言えないが、加入者側から保険金請求を行なわない限り、保険会社側から率先して支払ってくれることはない。

「保険金の請求がないから支払いが出来ない」＝「保険金の支払いをする必要が無い」という論理が成り立ってしまい、時効を迎える。二〇〇六年頃発覚した、保険金不払い問題が良い例である。

社長の事故の場合も、代理店の担当者はマニュアルに従ったものと思われる。とりあえず、「原因確定まで保険請求できない」と拒んで、時効になればそれで終了。ところが相手が悪かった。小生は引き下がらず、激しいやり取りの末、代理店が仕方なく「自損事故保険金」を請求したところ、殆ど日数を経ずに、一四〇〇万円という保険金が遺族に支払われたのである。

後に判明した事であるが、当時、「自損事故保険金」の受領については、近畿二府四県で最初の受取人であった。つまり、この保険金を支払った前例が全く無かったのである。

発覚した経緯は、「自損事故保険金」に対して、税務署から「相続税」・「所得税」の両面から課税を求めてきた為、課税根拠論争に至り、課税困難となった。そこで、大阪国税局に於いて審議検討の上、国税局管内の課税前例について調査したが、全く前例を見つけられなかったことから、保険業界として、この「自損事故保険金」を一切支払っていなかったという事実が発覚したのである。

税務署も「自損事故保険金」の一四〇〇万円に対しては、税法上、一切、課税できないことを理解したのである。

この様な例は、特別であるのかも知れないが、長期間の住宅ローン返済期間中には何が起こるか分からないのである。生命保険だけではなく、疾病・傷害保険等、万全を期しておかなければならない。債務者が不慮の事故・突然の病気で収入が閉ざされてしまった場合でも、家族が安心して暮らせなければ意味が無いのである。

第五章　中古の豪邸が安い

1　不動産の所有権

わが国の不動産は、所有権であり、所有権とは、以前も現在も物の全面的支配権である。

所有権は、民法によって「所有者は、法令の制限内に於いて、自由にその所有物の使用、収益及び処分する権利を有する」（第二〇六条）とされた財産権である。

そして「財産権は、これを侵してはならない。」（憲法第二九条第一項）とされている。

また「私有財産は、正当な補償の下に、これを公共のために用いることができる。」（憲法第二九条第三項）とされており、正当な補償がされなければならない。

ところが、この所有権を正当な補償をせずに制限する法令がある。昭和二七年七月一五日制定の「農地法」と、昭和四四年六月一四日に成立した「都市計画法」である。

現在の政府は、一極集中を批判して、地方創生を打ち出しているが、農地法と都市計画法の市街化調整区域の法律規制に於いて、二〇四〇年（二五年先）には、約五〇％の市町村が消滅すると言われているのである。

市街化調整区域とは、市街化区域とは逆に、開発行為を抑制し、都市施設の整備も原則として行なわない、という市街化を抑制していく区域のことである。

近年、郡部の都市計画の中で「市街化調整区域」とされた地域内にある住宅・土地が社会問題化している。老親等が亡くなり、空き家となった住宅を売却しようとしても、「市街化調整区域」内にある物件は、破格の安値である為、売却を見送った結果、放置され、廃墟となった空き家・荒廃した土地となっているのである。

この対策として制定された、「空き家対策特別措置法」(平成二七年五月二六日施行)により、空き家の固定資産税が最大六倍(負担調整率の関係から実際は三～四倍とされる)と報じられ、騒がれている。しかし、価値の無い不動産に固定資産税を増加させたとしても、その税金を納めることなく放置されれば、差し押さえ処分をする為の行政費用がかさむだけである。

農地法と市街化調整区域の法律規定により、安値に暴落させられた空き家の所有権の産物である。今後は、空き家対策特別措置法によって、特定空き家等に対する市町村からの改善勧告を受ける前に、売り急ぎが出るものと思われる。そうなれば、豪邸が更に安くなることは確実であり、過疎化に益々拍車がかかるのではないだろうか。

過疎化の原因が全て、農地法と都市計画法にあるとは言えないが、その大きな一因であることは、紛れもない事実であると思えるのである。

2　農地法

農地法は、「耕作者の地位の安定と国内の農業生産の増大を図り、もって国民に対する食糧の安定供給の確保に資することを目的とする。」（第一条）とした、終戦後に於ける食糧難時代の、既にお役目終了の法律とも言えるものであるが、現在では、農林水産省維持目的かと思われる法律である。

第一、「耕作者の地位の安定」については、現在、その様な地位安定はしていない。

第二、「農業生産の増大」は、過剰米で減反政策により、減反補助金を支出している現状である。

第三、「食料の安定供給」という目的の必要性は、全く無くなっている。

農地法は、農地以外に転用することをきつく制約し、農家で無い者が、農地を取得することを制限している。ＴＰＰが締結されようとしている今こそ、見直さなければならない法律である。

農地は、自由に売買することが出来ず、所有権を大きく侵害すると共に、田舎に転入することを拒み、過疎化促進となっている。経済の自由化に伴い、農地の財産権を認めて自由化されるべきものである。老後、空気のよい田舎で畑作り等の農作業をしながら、年金生活を送る人が増えれば、古民家利用・過疎化対策・医療費の削減にも繋がる。

3 都市計画法

都市計画法は、昭和四四年に制定され、四五年～四六年にかけて、順次、各地域で施行された。

都市計画法の目的は、「都市の健全な発展と秩序ある整備を図り、もって国土の均衡ある発展と公共の福祉の増進に寄与することを目的とする。」（第一条）とされた。

また、「都市計画区域について無秩序な市街化を防止し、計画的な市街化を図る必要があるときは、都市計画に、市街化区域と市街化調整区域との区分を定めることができる。」（第七条）とした。

その上で、多くの住宅が現存する区域までを含めて、「市街化調整区域は、市街化を抑制すべき区域とする。」（第七条三項）ともした。

市街化調整区域として規制を掛けられた区域内に現存する住宅は、「市街化調整区域の既存宅地」として、区別されたという事である。

しかし、都市計画法制定当時の既存宅地制度は、未来永久に宅地としての土地そのものの権利が保障されていたのである。

イ　市街化区域

都市計画法によって、指定された市街化区域とは、優先的・計画的に市街化を進めていく区域のことである。既に市街化している区域のほかに、およそ一〇年以内に市街化を行なう予定の区域も含まれる。指定された範囲は非常に狭く、日本全国土のおよそ四％弱とされている。

東京二三区や大阪市など、商業が集中する地域では、周りはほぼ市街化区域とされており、多くの人口が集中している。そして、この市街化区域内に不動産を所有する場合、固定資産税と共に都市計画税を納付することになる。

昭和四八年には、限定された「市街化区域」の土地が高騰した為、不動産ブームとなり、市街化区域を擁する地方自治体の行政は、税収の上昇と共に潤ったのである。

ロ　市街化調整区域

市街化区域とは逆に、開発行為を抑制し、都市施設の整備も原則として行なわない、という市街化を抑制していく区域のことである。地方の住民のおよそ七〇％強がその宅地に居住しているとされている。

多くの既存住宅が存在するところまでを含めて、市街化調整区域として、建物の建築が抑制され区分された為、新しく住宅建築が進まなくとも、地方行政は、上水道とその後に普及した下水道の設備・維持に必要な公共事業費が赤字となって苦慮しているのである。

「都市計画区域について無秩序な市街化を防止し、計画的な市街化を図る必要があるときは、都市計画に、市街化区域と市街化調整区域との区分を定めることができる。」として、区分されてしまった市街化調整区域では、開発を抑制するとの理由から、開発させない区域とした為、住民は減少しても増加することはないのである。

尚、加入者の増加は望めないものの、下水道については、汲み取り業者の維持が必要である。国の縦割り行政の弊害から、建設省（現、国土交通省）の事業としての本管下水道、厚生省（現、環境省）の個別合併浄化槽、農林水産省（現在は、環境省管轄）の集落浄化槽の設置の分散は、赤字経営の住民公社を維持しており、合併浄化槽・集落合併浄化槽が存在する限り、絶対に廃止出来ないのである。

ハ　既存宅地制度

市街化調整区域内の既存宅地は、「市街化調整区域に関する都市計画が決定され、又は都市計画を変更してその区域が拡大された際、既に宅地であって、その旨の都道府県知事の確認を受けたもの」として、都市計画法制定当時の旧法では、建築物の新築、改装若しくは、用途変更が認められていた（第四三条一項六号ロ）為、既存宅地権がある調整区域の土地は高騰した。

4　既存宅地制度の廃止

あらゆる法律が策定される場合、その時点に於いて適法に有する権利者の利益侵害にならないよう、その権利を「法律不遡及の原則」によって保障されるのが大原則である。

しかし、平成一二年、時の政権は、都市計画法の改正を行ない、法律不遡及の大原則を侵害したのである。この改正による一番の問題点は、昭和四四年の都市計画法制定時に認められていた、建物が現存する宅地としての、土地そのものの権利を保障していた既存宅地制度を廃止したことである。

つまり、土地が有していた権利（土地の有していた権利は購入した人にも引き継がれる）を剥奪して、人の権利としたことである。全ての市街化調整区域について、「原則、建築物を建てさせない」ことを前提としたもので、その地に一〇年以上住んでいる者には「地域縁故者」として、建築を認めるという改正であった。

一〇年以上その地に住んで居ない、他所からの移住者には、他所者排除の規定により、転入拒否・発展阻止をしているということである。市街化調整区域内の宅地は、買う側には他所からの新参者という理由で、建築する権利を与えていない事から、購入希望者を減少させた。その結果、需要と供給のバランスが崩れ、ますます価値が低下し、売買することが出来ないお荷物の物件となっている。

平成一二年制定、翌一三年に施行された、その権利侵害の法律改悪で、市街化調整区域の既存宅地制度が廃止されたが為に、財産権に大きな影響を及ぼすこととなり、権利を奪われているにも関わらず、その被害者であるほとんどの人は、未だにその事実を知らないのである。

別居していた親が亡くなり、その親が居住していた住居売却に直面して初めて、都市計画法の改正を知らされる。その上、市街化調整区域内の既存宅地制度が廃止されている為、宅地としての価値も無くなり、売却価格も破格の安値になっている事を知らされて、唖然としているのである。

更に大きな問題は、これだけ重大な所有権を侵害する改正が行なわれているにも拘わらず、固定資産税・相続税等の財産課税については、一切見直されていないという点である。既存宅地の権利剥奪後も、変更されていない為、法改正前と同様の評価基準額で、年度ごとの評価額が増減され、課税が行なわれているという現実である。

地方郡部の市町村に於いて、固定資産税収は最も重要な財源であり、その税収減は地方自治存続に重大な影響をもたらす大問題であることは理解できる。しかし、「価値の低下した資産の評価減」による「税収減」は法規変更の結果としてもたらされたものであり、価値のない評価額で税収を上げていることは許し難い行為である。

固定資産の評価には、不動産鑑定士の「基準値価額」に因るとして、根拠の説明も出来ない基準値論で課税庁側は詭弁を弄しているが、兵庫県西脇市に於いては、公共施設の無いプロパンガス地域までもが「ガス施設あり」として評価額を嵩上げして、固定資産税を増収しているのである。

5 豪邸が超安値で買える

政府が公表しているところの市街化調整区域には、牧場の写真を掲げて説明を加えてあるが、現存する市街化調整区域には、住宅が三〇〇～五〇〇戸もある集落まで含まれている。虚偽の説明で財産権の侵害を行なったのである。

時代遅れの「農地法」と「既存宅地制度の廃止」により、親が亡くなった後、別居の息子が不要となった親の土地、五三九㎡、建物二〇四㎡の豪邸を、僅か一一〇〇万円で売却しようとしても、売れないのである。その他にも、他所へ嫁いだ娘が、両親の亡くなった後の、不要となった住宅を売ることが出来ない。又は、売ることの出来ない住宅に居住して、生活保護を受けようとしても、持ち家であるが為に国民年金収入の方が高額になり、生活保護も受けられない等、少子化時代の悲劇であるとも思える超格安の価値ある物件が、数多く現存するのである。

この様な状況から、市街化調整区域内の一定規模以上の開発地に売り出されている新築物件は、当初、開発地として住宅ローンの対象であったとしても、購入後、財産価値は無くなるものかも知れないというリスクがあり、調整区域内の開発住宅は注意を要するものと思われる。

イ　購入後の利用のみ考えれば

一〇年間は建て替えも出来ず、売るにも売れない市街化調整区域内の住宅は、月額五～六万円程度の家賃を支払うつもりであれば、五〇〇～六〇〇万円で購入できるのではないかと言う、不動産業者の意見もある。そして一〇年が経過すれば、地域縁故者としての権利を有する資格が生じ、建て替えも可能になるというのである。

他にも、一〇〇〇万円台の豪邸が多く売りに出されている。五〇〇万円台位から購入できるのであれば、粗悪物件の為に多額の住宅ローンで苦しむよりも、市街化調整区域内の良い古民家を探すのも一策ではないかと思われる。

ロ　借入減少分を通勤費に充てて

市街化調整区域は、多少不便な所もあるが、場所によっては通勤時間が一時間以内の所にも売りに出されている中古高級住宅がある。一〇〇〇～二〇〇〇万円の借金を背負うことを考えれば、多少、通勤費が増えようとも、検討するだけの価値があるのではないかと思われる。

ハ　調整区域のローンは無理

金融緩和の現在でも、市街化調整区域内の物件に対して、ローンを組むのは難しい。金融機関によっては市街化調整区域の土地に対して融資をしないとか、融資されても、かなり減額されるケースもあるという。当然である。金融機関が売るに売れない、担保価値の無い物件に融資する筈がないのである。

6　調整区域も一〇年住めば地域縁故者

市街化調整区域内であっても、そこに居住して一〇年経過すれば「地域縁故者」としての権利が生じ、建築が可能となるが、誰にでも自由に売買可能であってこその、財産価値である。地縁者としての制限を受ける以上、財産的価値は大きく減少するものであり、「地縁者の権利価値」は疑問である。

市街化調整区域とは、ご都合主義の行政が、現存する住宅地を「建築を抑制する区域」として差別化を図ったものでありながら、その調整区域で「特別開発許可」として開発した際の用途制限に、行政自体が困惑しているというのである。

埼玉県羽生市は、調整区域特別開発許可によるアパートの乱立で、入居者が無く、無人建物に悩まされていると報じられた。最近になって、放置空き家建物の倒壊・防犯・樹木の成長・雑草の繁茂・ゴミの不法投棄等に悩まされた行政が、空き家対策特別措置法を制定、施行したのである。

ところが、この問題の根源は「一極集中政策の誤り」にあり、表面的で断片的な法律制定で解決されることではないと思われるのである。

不動産の売買が行なわれる際、「売り易く」・「買い易く」が絶対条件の筈である。市街化調整区域の指定を受け、価値が無いと分かっている物件を購入しようとする人は居ない。

やっとの思いで、売却にこぎ着けても、不動産高騰時の高額で購入した住宅は、市場価格を遥かに下回る低額である。その為、残債が無くなる様な金額では売れず、売却時の税金などは考慮する必要が無い場合が多い。

ところが、幸いにも高額で売却できたとしても、不動産高騰時の高率な「譲渡税」という課税は、見直される事無く放置されているのである。

不動産譲渡の場合、譲渡価格から取得原価用の費用は控除されるが、購入価格全額が控除される額ではなく、経過年数によって「減価償却」を控除して計算する為に、予想以上に高額の課税となる。又、購入時の資料が無い場合等、購入価額不明のときは、売却金額の五％と売却費用しか控除されない為、この場合も同じく、予想を超える高額な課税となる。

「既存宅地権利剥奪」とも言える、権利者の既得権益は奪っておきながら、「譲渡税」という課税義務のみを残している等、根本的な高所からの問題解決がされなければならないのである。

地域縁故者という、建物を建てる為に建築の権利者として認められた権利など、全く権利でも何でもない。それどころか、正当な融資も受けられず、売却も思うようにならない、「市街化調整区域」という行政からの汚点を付与されたに過ぎないのである。

7　売るに売れない中古物件

農地法・都市計画法・少子化等の影響により、中古住宅は「捨て値」と言っても過言ではない状況の中、各地では建売住宅の売り物件が氾濫しているとも報じられている。

住宅購入希望者が、調整区域内の中古住宅を購入しても、新築できないとの理由から、市街化区域内の粗悪住宅に殺到すれば、益々、地方の過疎化は拡大するものと思われる。

しかし、市街化区域内の物件で、程度の良い現存する中古物件を選択するのも一考である。最近の流行りではないが、古民家再生と持て囃される様に、「価値ある住宅」を手に入れることが出来るのである。しかも、購入時点で購入価額の半額以下の価値しかないような、新築の粗悪住宅よりも借入金は少なくて済むという利点もある。

自分が居住することを目的として、市街化区域に隣接している等の利便性ある物件を、市街化調整区域に求める人が多くなれば、粗悪で経費率が高いだけの新築物件の売れ行きは遠のき、経済の低下をもたらすことは必定である。

されば、わが国の財政は更に逼迫して、ハイパーインフレの時期（国家破綻）が早まるのではないだろうか？

第六章　その他

1 付帯費用

住宅を取得した際に必要となる付帯費用について、大手業者から取得すれば大抵は教えてくれるが、個人の大工さんから取得する場合、殆ど知らされないことが多い。

住宅ローン借り入れの際の借入手数料、長期火災保険料、登記費用（担保設定を伴うために高額となる）等、大きな金額となる為、必ず資金繰りには組み入れておかなければならない。尚、住宅ローンに付随の生命保険料は、住宅ローンの金利に含まれており、改めて表示されている項目ではない。

また、住宅を取得したときには、不動産取得税、登録免許税、消費税、印紙税、さらには資金調達の方法により贈与税などが課税される。しかし、「不動産取得税」については、比較的築年数の浅い標準的な住宅は実質的に課税されない、減免措置が取られることが殆どである。

それでも、高額物件を取得した時や、一定年数以上経過した中古住宅を購入した場合には、「不動産取得税」が課税されることもあり、取得した不動産（土地・家屋）を管轄する都道府県税事務所・支所などに対し、一定期間内に「不動産取得税申告書」または「不動産取得税課税標準の特例適用申告書」などを提出して、減免手続き等にも気配りすることが必要である。

2　毎年必要な固定費用

住宅を取得した翌年からは、「固定資産税」と「都市計画税」が課税され、これらをその後、毎年支払っていかなければならない。但し、固定資産税は、原則として全ての土地・建物が課税対象であり、都市計画税は、都市計画法による市街化区域内に所在する土地と建物が課税対象になる。

「固定資産税」は、固定資産税評価額×一・四％（標準税率）であり、「都市計画税」は、固定資産税評価額×〇・三％（制限税率）である。

尚、固定資産税・都市計画税、共に各市町村が条例で、税率を決める権利を有するが、固定資産税はほとんどの市町村が標準税率一・四％を適用しているのに対し、都市計画税は、上限を〇・三％とした、制限税率である。これは、市街化区域に指定されている地域でも、場所によって税率が異なるという事である。

課税対象者は、毎年、一月一日現在に於ける固定資産の所有者（個人・法人を問わず）であり、一月一日時点の所有者が一年間分の納税義務者となる。

固定資産税の課税内容は、県または市町村から送付されてくる「納税通知書」に、土地・建物別の評価額、固定資産税課税対象額、及び、都市計画税課税対象額が記載されている。

固定資産税の評価額とは、建物の場合であれば、通常、購入価額の七〇%と言われている。

また、建物については、築後の年数経過の減価償却額によって、評価額は減少していくことになる。住宅用地の場合、二〇〇㎡以下の部分については六分の一とし、又、二〇〇㎡を超える部分については、三分の一（但し、建物の課税床面積の一〇倍が限度）に減額した評価額に軽減される。

住宅の特例控除として、新築住宅の床面積が、一二〇㎡までの部分について、固定資産税が二分の一（平成二八年三月三一日までの新築特例）とされている。又、三階建て以上の耐火構造・準耐火構造住宅（「耐震基準適合既存住宅」）は新築後五年間、一般の住宅（「特例適用住宅」）は新築後三年間、減額して課税されることになっている。

但し、店舗・住宅併用の場合は、居住用部分が二分の一以上、一般住宅の場合、居住用部分の課税対象床面積が、一戸につき、五〇㎡以上、二四〇㎡以下（貸家住宅の場合は、一戸につき、四〇㎡以上、二四〇㎡以下）であること、との条件がある。

更に、長期優良住宅の普及の促進に関する法律に規定する「認定長期優良住宅」の場合は、各二年

（マンションは七年間、一般住宅は五年間）延長される。

平成二七年五月二六日に全面施行された「空き家対策特別措置法」は、空き家放置問題の解決策の一環として、「特定空き家等」として認定された場合、住宅用宅地に対する軽減措置を認めずに、特例控除の対象から除外することとした。

つまり、「特定空き家等」に認定されてしまうと、住宅用地について減免規定されていた措置、即ち小規模住宅用地（二〇〇㎡以下）であれば、固定資産税評価額×六分の一、一般住宅用地（二〇〇㎡を超える部分の用地）であれば、固定資産税評価額×三分の一、とされていた減免が減免規定対象外となる。それぞれの固定資産税が、六倍、三倍に増えてしまうということであり、更地として固定資産税が課税されることになったということである。

建売住宅購入時、又は、住宅新築時に査定される、市役所の評価額が、実際に支払った金額の七〇％と言われているものの、絶対正確であるとも限らないが、行政も正確性を期するための努力を怠っている訳ではない。しからば、行政から提示された評価額から逆算して、実際に支払った金額と大差がある場合には、支払金額に疑問を持たざるを得ない。

残念ながら、行政の評価額は、施工前や支払い前には判明しない。しかし、純日本建築の場合、支払額の八〇%以上であったり、若しくは、高評価の場合であれば、同額であったりもするのである。

支払額の五〇%以下の評価を受けて悔やむ前に、「空き家対策特別措置法」が及ぼす金銭的影響までをも考慮した、価値のある住宅取得を目指さなければならない。

3 太陽光発電設備と維持費

太陽光発電設備の設置は、株式投資・不動産投資等と同様に投資の一種である。投資である以上、リスクを伴うものであるが、設置業者が力説するのは、利点ばかりである。

原子力発電が思うように進まない現在、無償で入手可能な太陽光熱は魅力である。住宅建築と同時に、屋根に太陽光発電設備の設置を促す業者も多く、実際、設置している家屋も見受けられる。

その設備の耐用年数は三〇年と、過大評価ではないのかと思われるほどの年数が試算されている。では、屋根の素材は、その耐用年数と同等か、それ以上の年数を耐え得るのであろうか?太陽光発電設備と屋根材の兼ね合いは検討されているのか?維持管理費用についてどの様な費用計画があるのか?

設置のパンフレットなどによれば、太陽光発電のシステムは、基本的には定期的メンテナンスが不要であると記されている。特に、太陽光パネルについては、一〇年間、何も手を掛ける事無く、性能を継続し、能力を発揮し続ける、と魔法のようなことが記載されている。

また、設備費用と一〇年間の売電計画は計算されているが、集光盤の清掃費用に関しては、触れられていない。清掃せずに、集光率が一〇年もの間、維持されるとは到底考えられない、とするのは素人考えなのであろうか？

発電システムは、「商品・災害・工事」の三つについての保証が記されている。基本的にメンテナンス不要と言っても、定期的に検査をすることは重要とされ、パネルについても四年に一度はチェックすることを推奨している。「推奨」である以上、サービスではない。

発電システムの耐用年数とされる三〇年間に、四年に一度の定期点検を単純計算すれば、七回の点検が必要という事になる。サービスではないので業者には点検の義務も発生せず、七回の点検費用は、自ずと自己負担ということになる。

この点検費用に加え、定期的な清掃・パワーコンディショナーが故障した際の修理費用等、補償内容も含めて、契約時に十分確認することが必要である。

発電システムが屋根上ではなく平地に設置されている場合、集光盤の足が乱立することになる。年に四～五回の除草作業は草刈機ではさぞかし困難であろう。例え、地面のコンクリート上であっても、埃や枯葉等の堆積があり、この状況は、モデルハウスからは伺い知ることが出来ないのである。

しかし、住宅に太陽光発電設備を設置しようとする場合、大概の住宅は屋根上に設置されている。屋根上の設備である以上、清掃の為だけであったとしても、危険を伴う為、労働基準法上、足場を設置しなければならないものと思われるのである。

この足場設置費用が、一戸に付き二五〜五〇万円とすれば、定期点検・清掃、及び故障時の対応等、どのような周期で必要になるかが非常に重要になってくる。

また、ここで忘れてはならないのが、屋根材の補修である。一般的に多く使用されているとされる、スレート瓦は約一〇年、セメント瓦でも約二〇年で塗装の必要があるとされている。当然、屋根材の塗装・葺き替えには、足場設置が必要である。

太陽光発電設備の耐用年数が三〇年とするパンフレットの謳い文句を鵜呑みにするならば、同様に、屋根材も、最低でも三〇年以上は耐えられる材質でなければならないと思われる。

維持管理の費用計画を立てるとき、屋根と太陽光設備を別々に考えるのではなく、「足場設置が必要な周期表」なるものを作成してみれば、無駄な出費を避けることが可能かもしれない。同時に、太陽光発電設備による発電量が、最小・中間・最大と、どの程度のものなのかも試算して、本当に大金を投入してまでも必要な設備であるかを検討されるべきであろう。

4　借入金の借り換え費用と利率

住宅ローンの借り換えとは、全く新しく他の金融機関から住宅ローンを借りて、これまでのローンを完済することである。しかし、新しくなるのはローンの「顔」だけであって、最初に融資を受けたときには新築であった住宅も、借り換え時点で、「中古物件」となる。

また、住宅ローンの借り換えを行なうにしても、全くの新規に借入れを行なうだけで、手数料などの諸費用が優遇されるという事は一切ない。最初の借入時に要した諸費用がほぼ同程度、必要になる。

しかも、改めて査定を受ける、既に「中古物件」となった住宅は、新築時ほどの担保能力はなく、担保割れ（借り入れたい金額より担保価値が低くなること）を起こす可能性も十分あり得る。

住宅ローンの貸付を行なう金融機関は、当然、営利目的の企業である。高利率の時代に貸付けた融資は、借りた側からアプローチが無い限り、敢えて企業側から金利削減を提案してくれるものではない。例え変動金利で融資を受けていても、全ての人に同等に変動されているとの保証もない。

実際、小生は積極的に利率引き下げを要求したのであるが、最初に融資を受けた同じ金融機関で、金利等のローン条件変更を要求すれば、金利削減にも応じてくれる場合もある。同じ金融機関内であれば、費用はほとんど必要でない為、改めて他の金融機関で借り換えを行なうよりも有利である。

借り換えで得する為には、新旧ローンの金利差によって生じる利息の差額（借り換えメリット）が、新しく借り入れる為に必要な手数料・諸費用の金額を上回らなければならない。

大雑把に見積もる方法として

「借り換えメリット＝残りの借入金額×金利差×残りの借入期間÷2」

という計算式がいろいろなサイトで紹介されているが、あくまでも目安であり、借り換えを行なった場合の方が、損をしてしまうこともあり得るという事を、肝に銘じておかなければならない。

住宅ローンの借り換えには、利率と言う金利比較だけではなく、担保設定の切り替え、一時的に支払が増える登記費用等、手数料を含めた諸費用も比較検討しなければならない。恐らく、時間と労力という点から見れば、最初の借入時よりもはるかに慎重になるべきであると思われる。

5 建物・設備の定期点検

「最近の新築住宅は、窯業系サイディングボードを外壁に採用している住宅が増えてきています。新築時の設置費用、材料調達が安く済む、施工が簡単、時間もかからない、というのが理由です。」

要するに、「安いから広く使われている」、というサイディングボードの宣伝文句である。

そして、「**塗料は、アクリル系で約四年、ウレタン系で約六年、シリコン系で約一三年、の耐用性**」更には、「**ポピュラーな外装材であるサイディングの場合、塗膜保証は一〇年が一般的**」とした上で、「**築後三〇年の時にかかるメンテナンス費用は六〇〇万円弱**」と続いている。

住宅ローンの借入期間は、大抵が三〇～三五年である。その期間は、当然、耐え得る材料ではない事実を、親切にも事前に教えてくれているのである。

費用面も、築後、一〇年・二〇年・三〇年、と経過していく中で、大まかな累積額は、一〇〇〇万円に上るとも教えてくれている。消費者側は住宅ローン返済の傍ら、常に、一〇〇万円単位で増えていく改修費用の準備をしなければならないということである。

但し、この様な建物が、築後三〇年もの間、耐え得る構造体で作られているか否かの疑問は残る。

小生の自宅は、築後二八年を過ぎたが、未だ、水道のパッキン、換気扇のモーターの修理を行なった程度である。その他と言えば、ＩＨコンロが普及し始めた頃、配線の引き込みを変更し、ガスコンロから変更した程度のことである。水道のパッキンは、消耗品であり、保証期間も二年である。

最良の技術を持った、良心的な建築業者に恵まれ、わが国の気候風土に適合した純日本建築を手に入れたお蔭で、今日まで大きな改修を必要としなかったことは、世間では常識とされている、約一〇〇〇万円もの修繕費から逃れられたということであり、ある意味、「金儲けできた」と感謝している。

建物についての点検は、素人に出来る範囲は限られている。外壁がサイディングの場合、塗膜保証は一〇年が一般的とされているが、塗料の種類によっては四年程度の耐用性しかないものもある。継ぎ目のシーリングは常に点検が必要である。

建築業者・設備業者の保証期間内は、最大限に利用しなければならない。特に主要構造部分、柱・基礎・屋根・外壁等、厳密な点検を要する。保証期限切れとなる前に、補修すべき箇所は全て、保証補修させるべきである。

6 保険の時価額・再取得価額の意味

損害保険契約の締結の時において保険金額が保険の目的物の価額（「保険価額」という）を超えていたことにつき、保険契約者及び被保険者が善意でかつ重大な過失がなかったときは、保険契約者は、その超過部分について、当該損害保険契約を取り消すことができる。ただし、保険価額について約定した一定の価額（「約定保険価額」という）があるときは、この限りでない。（保険法第九条）

保険業界で使用される言葉は、当然意味があってのことではあるが、一般的には、理解しがたい。故に、保険の約款等、読む人は少ないが、約款は「保険の契約書」であり、法的に加入者は理解しているものとされる。

そして、保険の中でも火災保険は「物件の評価」という難しい問題がある。

保険契約時に代理店から薦められた評価額の金額で契約をしたとしても、罹災時に支払われるその金額が、評価時と同額支払われるとは限らない。罹災時点において、建物については、築後の年数経過によって、消耗している部分（減価）を控除した、減価償却後の額として改めて評価する為である。これを「時価額」という。

例えば、住宅を新築して火災保険に加入する際、保険会社の代理店が示した住宅の評価額（市役所の固定資産税評価額とは異なる）が、二〇〇〇万円であったとする。その後、何年かして火災等の災害を被った際、減価償却後の住宅として、改めて評価される。その評価額、即ち「時価額」が一五〇〇万円であった場合、罹災時に支払われる保険金額は、一五〇〇万円ということになるのである。そして、元の評価額二〇〇〇万円との差額である五〇〇万円は、「超過保険」となる。

先の「保険法第九条（超過保険）」が平成二〇年六月六日に改定される以前は、この「超過保険」は無効であった。代理店が独自の評価基準によって算出した評価額で「保険価額」を提示し、契約した火災保険ではあるが、罹災時には、罹災損害額を別途計算した上で、減価償却後の「時価額」として算出を行ない、その結果、「超過保険」であるとされた部分については、無効とされていたのである。

その為、本人が加入していた保険金「保険価額」が満額、支払われることも無く、超過保険部分の還付すら無い、と言うような保険会社の利得が許されていた。しかし、この超過保険部分を「取り消すことが出来る」とされたのが、平成二〇年の改定であった。

火災保険契約時、保険会社代理店の評価額を満額とした保険価額で、尚且つ、時価額の契約である場合に発生する超過保険は、取り消すことが可能となった。

しかし、満額の保険価額で加入せず、一部保険の加入を行なっていた場合は、予想外に低い保険金額しか支払われないのである。例えば、一〇〇〇万円と評価された保険価額に対して、六〇〇万円の保険に加入していた場合、満額ではなく六〇％の一部保険である。この状態で罹災し、算出された罹災金額が二〇〇万円であったとすれば、支払われる保険金は、二〇〇万円の六〇％、一二〇万円ということになる。要は、一部保険であれば、支払われる保険金も率に応じて按分されるということなのである。

保険会社側からすれば、新規契約時の「保険価額」は高いに超したことはない。従って、建売住宅等を二〇〇〇万円で購入した場合の評価額は、ほぼ、二〇〇〇万円という保険価額になると思われる。

しかし、金融機関にその購入価額で火災保険契約を申し出て、借入担保提供を行なおうとしても、金融機関側は、建物に対して、六〇％程度の価値しか認めてくれなかったという話もある。購入価額が、金融機関の評価額を遥かに上回っていたということであり、建築業者にとっては、さぞかし「良いお客さん」ということであったのであろう。

建売住宅の耐用年数が例え二〇年であったとしても、「家」として存立している限り、火災保険には加入し続けるべきである。「うちは罹災しないから大丈夫」と言った根拠のない自信で節約するのではなく、保険はあくまでも「万が一の時」の為のものであるからである。

その長期にわたる契約の火災保険では、更新毎に建物の評価額としての「時価額」が下がっていく。その為、少なからず「超過保険」や「一部保険」の問題が生じるのである。

「時価額」が、建物購入代金とほぼ同額の「保険価額」でなければ、罹災時に同等の建物を立て直す程の補償など受けられないという事になる。

最近では、その「超過保険」や「一部保険」の問題を解消するために、「時価額」ではなく、取得時に評価された評価額が、「保険価額」として、そのまま罹災時に全額支払われるという支払方法が一般的である。これは、万が一の罹災時に、新たに同等の建物を取得するための価額を「保険価額」として約定する、というものであり、この場合の保険価額を「再取得価額」又は、「再調達価額」という。

この「新価方式」の契約が、保険法第九条の「約定保険価額」に該当する、「再取得価額」や「再調達価額」の契約である。そして、この「新価方式」の保険であれば、罹災時に「時価額」が考慮されることも無い為、「超過保険」や「一部保険」の問題が生じることも無い。つまり、罹災時には住宅取得時の評価額である保険価額が、全額補償額として支払われるため、同等の建物を立て直すことが可能なのである。

従って、住宅購入時に長期の火災保険契約を行なう際、金融機関内の保険代行会社は「再取得価額」の契約を薦めて、罹災時の債権を確保しようとする。「再取得価額」の契約であれば所有者は、火災保険金によって債務は完済されるが、同時に建物も無くなる。しかし、その建物が土地付きであれば、金融機関は再融資にも応じてくれる為、再度、建築することも可能となるのである。

あとがき

昨年、住宅購入を目指していた、大工経験のある人と一緒に、建売住宅を見て回った。その人は、新築住宅には購入意欲が湧かないとして、諦めた上で、古民家を見て回ったところ、多くの豪邸が売りに出されていることを知った。売り物件の看板を見て、「この物件であれば、三〇〇〇万円くらいであろうか?」と、問い合わせてみると、一四八〇万円という破格の値段であった。しかし、調整区域であり、農地法も絡んでいる為に、近隣の農地保有者でなければ、購入資格が無いというのである。

市街化調整区域内には、農地法の絡んでいない旧都市計画法の「既存宅地」の住宅物件が、安値で多く売り出されているが、その物件を購入しても、既存宅地制度が廃止されている為、一〇年以上その地に住まなければ、建て替えも出来ない。その様な物件を買う人も居ない。他に売ることのできない、財産価値の無い物件であることを承知の上で買うとすれば、相手の希望価額では躊躇するのである。

それに加えて、調整区域では、金融機関からの融資が望めないことから、買い手が少ない。同じ調整区域内でも、比較的便利な場所にある物件なら、「一〇年間、家賃を支払うのと変わらない」、との考え方で、売却時のことを考えず見方を変えてみると、その程度の金額で購入できる物件はかなりの格安物件・お買い得物件であり、検討に値するのではないかと思われるのである。

そのときに発生するのが資金の問題である。年齢が二〇歳以上で合計所得金額二〇〇〇万円以下の人が、登記簿上の床面積五〇㎡以上、二四〇㎡以内の中古住宅を取得する場合、耐火建築家屋は築後二五年以内、耐火建築物以外の家屋は二〇年以内の建物という条件があるものの、直系尊属(親・祖父母)から一定額の贈与を受けて、贈与税が非課税となる制度(租税特別措置法七〇の二)がある。

贈与を受けて、比較的便利な場所にある調整区域内の築浅物件である「価値ある住宅」を取得して、借金の無い(または小額の借金)生活をするのも良いのではないだろうか?

新築の粗悪小屋を購入して、ローン地獄で苦労するよりも、数段上であろうと思われる。その為にも、租税特別措置法をよく検討されるべきなのではないかと思い、提案するものである。

最近、大手建築業者の名を信用することが如何に危険であるか、という事を改めて思い知らされた。相手が大手であればあるほど、責任追及の対象が広がり、責任の所在がますます不明瞭となっている。その様な安心することが出来ない状況であれば、消費者は大手である事を信用して選択するのではなく、**近隣の「腕のある建築業者」を信用して選ぶ方が賢明である**、と言えるのではないだろうか。

最後に、貴方のマイホーム対策が、最良の選択となり、明るく幸せな楽園となられることを、心からお祈り申し上げ、拙著がその一助となれば幸甚です。

参考文献

一、日本銀行金融研究所「貨幣博物館」
一、ルーフパートナー「屋根の種類を全部見せます」
一、富山県木材協同組合連合会「住まいの木材費」
一、フリー百科事典「新円切り替え」
一、兵庫県加西市「都市計画」
一、埼玉県羽生市「都市計画」
一、外壁塗装コム「後悔しない、外壁塗装」
一、Allabout.co.jp「外回りのリフォーム」「屋根材の種類と特徴」
一、建築基準法・構造編「木造住宅」
一、Dkmiyabi.jp「銀行住宅ローン金利一覧」

住宅買うなら一生モノを！
住宅を購入しよう！ と思ったときに読む本 ローン地獄に陥る前に……

2016年1月21日発行

著　者　本坊美通
制　作　合同会社　本わ佳
〒532-0004　大阪市淀川区西宮原2丁目3-35
TEL.06 (6395) 6824
発行所　ブックウェイ
〒670-0933　姫路市平野町62
TEL.079 (222) 5372　FAX.079 (223) 3523
http://bookway.jp
印刷所　小野高速印刷株式会社

ISBN978-4-86584-094-0

乱丁本・落丁本は送料小社負担でお取り換えいたします。